保育・子育て支援の地理学

福祉サービス需給の「地域差」に着目して

久木元美琴
Kukimoto Mikoto

明石書店

はじめに

　子育て支援の拡充は、今や我が国における喫緊の政策課題となっている。特に、保育所への入所を希望しても入所できない「待機児童」は1990年代以降に社会問題化し、今なお解決されていない。こうした待機児童問題は政策課題として全国的に広く注目を集めているものの、それが生じているのは主に大都市圏の自治体である。なぜ大都市ではここまで待機児童問題が深刻で、その解決が難しいのだろうか。

　待機児童問題が「認可保育所の不足」である以上、「保育予算を拡充し、大都市の保育所をさらに増やす」という解は明快である。保育所の拡充をめざす運動の現場でもこうした方針は共有されており、福祉政策や社会保障の既存研究が明らかにしてきたように、日本の未就学児の保育・教育への公的支出は他の先進諸国と比較して見劣りするといわざるをえない。したがって、望まれる数の保育所整備をかなえる十分な予算拡充というゴールが達成されれば、それは確かに望ましい事態だろう。

　しかし、そうした方針に基本的に同意したうえで、日本の保育や待機児童問題をめぐる問題や解決策を考えるためには、少し長期的なタイムスパンで、保育所不足がここまで顕著に問題化した背景を知り、その解決を地域的条件に沿って考えていくことも必要なのではないか。本書で詳述するとおり、待機児童問題が特に大都市で深刻化した背景には、日本の大都市がおかれてきた状況や都市構造、そこに住む人々の働き方や住まい方が強く影響している。保育所待機児童問題の根本的な解決のためには、大都市を含むそれぞれの地域がおかれた条件を把握し、問題点や対応のあり方、ひいては日本の都市と地方をめぐる問題を考えてみることも重要なのではないか。

　また、保育所待機児童問題を「大都市という地域固有の問題」と考えるならば、大都市以外の地域では、保育をめぐる問題は生じていないのだろうか。もし「問題」として生じてこなかった、または顕在化してこ

なかったのであれば、それはどのような条件によって可能だったのだろうか。保育をめぐる「地域固有の問題」とローカルな対応のあり方に目を向けることも、保育をめぐる今後の対応を考えるうえで必要なのではないか。というのも、いずれ「保育予算が拡充され、抜本的な制度改変が行われ、希望するすべての子どもたちが保育を受けることができる」という理想の解に到達するまでの間、地域とそこに住む人々は、実現可能な解を選び取るほかないからである。

　本書は、このような素朴な問いを出発点におきながら、保育・子育て支援をめぐる問題の地域差を捉え、それぞれの地域の諸条件のなかでの解決のあり方を検討するための視点を提供することを目的としている。具体的には、以下のような構成をとる。

　まず、1章と2章では、既存研究および既存データの整理から、日本における保育・子育て支援の発展の経緯やその問題点、様々な地域スケールで生じている需給の地域差を確認していく。1章では、福祉の地理学の既存研究を概観して本書の研究枠組を設定するとともに、戦後日本における保育・子育て支援の政策展開と供給動向を整理する。さらに、2章では、具体的なデータをもとに、ローカルな保育需要を生み出す地域の家族構造や女性の働き方の傾向を確認する。同時に、大都市圏と地方圏、大都市圏内部の都心と郊外といった地域スケールで、供給の地域差を概観する。

　以上の保育・子育て支援に関する需給の地域差を踏まえたうえで、3章から8章では、それぞれの地域において生じてきた多様な保育需要の実態やそれへの対応について、具体的な事例を紹介する。

　まず、3章から6章では、大都市の保育所不足を背景として行われてきた多様な主体による対応と、その可能性や課題を考えることを主な目的としている。3章と4章は、主に大都市都心部および都心近くの再開発地の事例を扱っている。大都市都心部では、民間サービスを含む多様かつ豊富な保育サービスがみられる一方で、都心回帰や再開発にともなう苛烈な競争の問題が生じている。また、5章と6章は、大都市のなかでも特に保育供給が不足している区や郊外のエリアを取り上げ、行政や地域のボランタリー・セクターの役割を明らかにする。

他方、大都市の保育所待機児童問題以外にも、地域固有の保育需要は生じうる。特に、地域経済を支える産業が多くの女性労働力を必要とする場合、女性の働き方と連動した保育需要が発生する。そうした地域の経済活動に影響されて生じた保育需要に、地域はどのように対応してきたのか。7章と8章では、温泉観光地や工業都市など、地域の基幹産業が固有の保育ニーズを生じさせてきた地域におけるサービス供給の経緯を取り上げ、ローカルな対応のあり方を考える手がかりとしたい。最後に、大都市圏の保育供給に求められる対応のあり方を議論するとともに、地方圏の現状や課題にも触れながら、保育・子育て支援の地理学の研究課題を検討する。

保育・子育て支援の地理学◆目次

はじめに..3

1章　子育て支援と地域
1　本書の視点..10
2　地理学分野における既存研究——「福祉の地理学」の視点.....11
3　日本における保育供給の展開..................................19

2章　保育をめぐる地理的諸相
1　ローカルな保育ニーズ——家族と働き方の地域差に注目して.....36
2　都市問題としての「保育所待機児童」..........................39
3　大都市圏内部の待機児童と保育サービス供給の地域差..........51
4　本書の構成..58

3章　都心は「子育ての場」となりうるか？①
　　——都心大企業による企業内保育所の意義と限界
1　都心の企業内保育所への注目..................................64
2　日本における企業内保育所の概況..............................65
3　「大企業・大都市都心型」企業内保育所の利用理由............67
4　企業内保育所の利用実態......................................74
5　都心の企業内保育所がもつ意義と課題..........................79

4章　都心は「子育ての場」となりうるか？②
　　——湾岸部タワーマンション居住者の「保活」
1　都心湾岸部「豊洲」の再開発と保育............................84
2　ホワイトカラー共働き世帯の就業と保育利用....................88
3　豊洲への入居理由と「保活」..................................92
4　都心湾岸部の保育所獲得競争と「格差」.......................101

5章　保育サービス不足地域における行政の役割
　　──足立区小規模保育室事業を事例として

1　事業開始の背景と民間事業者の参入.........................106
2　就業形態にあわせた多様な利用実態.........................110
3　認可保育所入所の希望 113
4　保育サービス不足地域における行政の役割 115

6章　大都市圏郊外における子育てNPOの役割
　　──「ジェンダー化された空間」の保育資源

1　郊外の諸問題と非共働き世帯への子育て支援..................120
2　対象地域における地域子育て支援拠点事業 122
3　高蔵寺ニュータウンの子育て支援事業の経緯..................124
4　子育て支援施設の利用実態................................126
5　「都市空間のジェンダー化」の先に..........................132

7章　ローカルなニーズ、ローカルなサービス①
　　──地方温泉観光地の長時間保育事業の取り組み

1　女性の働き方の地域差と保育ニーズ.........................138
2　日本における延長保育の概況..............................139
3　七尾市における長時間保育ニーズへの対応...................143
4　延長保育サービスの定着プロセス 146
5　地域の基幹産業を背景とした保育供給.......................153

8章　ローカルなニーズ、ローカルなサービス②
　　──工業都市川崎の地域変容と学童保育

1　工業都市川崎の地域性と学童保育 160
2　学童保育の歴史と概況 162
3　臨海部の工業地帯における先進的な導入.....................166
4　内陸部の宅地開発と学童保育の変化........................171
5　「ローカルなニーズ」は一枚岩ではない......................179

9章　地域に即した子育て支援に向けて
1 「子育てする場所としての都市」はいかに実現可能か.........186
2 地方圏の子育て環境をめぐる変化と課題....................194

あとがき..205

文献・初出一覧..210

1章
子育て支援と地域

1 本書の視点

　本書を貫くキーワードは、保育をめぐる「多様化」と「地域」である。ポスト工業経済の福祉国家において、福祉サービス供給における「国家」「市場」「家族」の役割は大きな変容の只中にある（Esping-Andersen 2009）。なかでも、「保育」や「子育て支援」は、1990年代以降の日本における少子化の社会問題化によって、国家政策の中心的課題となった。サービス経済化とグローバル化にともなう働き方の多様化、少子化の進行、子育てに関する価値観の変化は、幅広い利用者を対象とした多様な保育サービス供給の必要性を増大させている。同時に、国家が福祉サービスの主たる供給主体となる従来の福祉国家路線は限界を迎えており、国家の財政的逼迫によって福祉サービスの公的供給は縮小傾向にある。

　こうした状況下で、多様化したニーズを担う有力な存在として期待されているのが、「地域」である。厚生労働省による「地域子育て創生事業」の策定が端的に象徴するように、地域の様々な保育資源や主体を取り込んだ子育て支援の展開に社会的関心が寄せられている（広井2009）。

　ただし、ここで想定される「地域」の内実は、論者や学問分野によってきわめて多様である。本書では、ニーズや供給の地域差とそれを生み出す地域的背景や、利用者の生活パターンのなかでの利用状況、ある地域において機能している供給体制の背景に注目したい。

　保育サービスの利用には多くの場合、送迎行動がともなうため、利用者の生活空間の理解なしにはサービス供給の妥当性を検討することは難しい。また、あるサービスの供給体制には、地域における政治経済等の要因が複雑に影響している（England 1996など）。実際、保育需要に影響する世帯構成や女性就労の状況、子育て世帯の生活・就業パターンには大きな地域差がある。

　また、認可保育所の設置基準は中央政府によって定められているが、施設配置やサービス内容の決定は地方自治体に裁量が与えられており、自治体間の差も生じやすい。さらに、地域の産業構造や世帯構成は女性就労のあり方に大きく影響するほか、地域固有の文脈が供給体制に影響する場合も少なくない。地域に即した保育供給のあり方を検討する際に、

ある地域において実現可能な保育資源の供給体制やその地域的背景といった視点を欠かすことはできないだろう。

こうした問題意識から、本書では、保育ニーズの多様化に対する地域的対応とその背後にある社会・経済的な文脈を明らかにすることを通じて、地域的条件に即した子育て支援のあり方を検討するための知見を提供したい。本章では、「福祉の地理学」における研究の系譜から保育サービスを分析するための地理学的な視点を踏まえたうえで、戦後日本の保育供給の展開について整理し、次章以降の議論の前提としたい。

2　地理学分野における既存研究──「福祉の地理学」の視点

(1) 福祉の地理学の成立背景──福祉国家とその再編

福祉の地理学の発展は、福祉国家の成立とその再編に大きく影響されている。福祉国家とは、資本主義経済と産業化にともなう貧困問題や生活不安に対し社会保障を整備することで対処する国家を意味し、19世紀末から第二次世界大戦後の経済成長期の先進資本主義各国において、社会保障を中心とした制度的拡大がみられた。しかし、1970年代の石油危機以降、経済成長の鈍化と脱工業化・グローバル化の進展により、国家が社会保障を全面的に担う既成福祉国家は転換を余儀なくされた。公共サービスや福祉供給において、「大きな政府」は経済活動を圧迫し効率性を損なうものとみなされ、「小さな政府」と市場メカニズム・競争原理の導入、民間活用などがめざされるようになった。これらの典型的な事例は、1980年代イギリスのサッチャー政権下における規制緩和や国営企業の民営化といった新保守主義的な経済政策の進展である。しかし、こうした政策は、格差の拡大や教育・福祉の後退、失業率上昇などの社会的な摩擦・混乱を招き、1990年代後半には、ボランタリー部門を活用し、効率性と公平性の両立をめざす「第三の道」と呼ばれる理念が登場した。

ただし、既成福祉国家からの転換のあり方は国によって多様である。エスピン・アンデルセンは、「脱商品化指標[1]」「社会的階層化指標」「国家・市場・家族の相互関係」の指標によって、編成原理を異にする

三つのレジーム・タイプを導き出した。すなわち、アメリカに代表される「自由主義レジーム[2]」、ドイツやイタリアに代表される「保守主義レジーム[3]」、北欧諸国に代表される「社会民主主義レジーム[4]」の3類型である (Esping-Andersen 1990)。欧米においてある国家が経済発展とともに福祉国家へと変化していく際の最大の推進力は、労働組合による圧力である。しかし、労働組合による圧力が直接の原因にならない場合でも、脱工業化とグローバル化によって、先進工業国は既成福祉国家からの転換を余儀なくされており、後発資本主義諸国は福祉国家的体制への転換を遂げつつある (埋橋 1997 など)。

宮本ほか (2003) によれば、日本は「保守主義レジーム」と「自由主義レジーム」の中間的存在として位置づけられる一方で[5]、エスピン・アンデルセンの三つのレジームには属さない第4のレジーム——後発的福祉国家/東アジアモデル[6]——と解釈される側面もある。日本がこうした特殊な位置をとる背景には、欧米のように福祉国家が労働組合や政治的イデオロギーの対決から形成されてきたのではなく、後発資本主義国の「上からの」開発政治によって形成されてきた経緯がある。日本は 1970 年代以降の脱工業化の時期に「福祉元年」を宣言したが、低成長への転化のなかで、大企業の福利厚生と家族賃金、地方の公共事業と保護・規制政策、家族主義が三位一体となった「疑似福祉システム」を福祉国家に代替させた。こうした家族中心主義的福祉レジームは、単なる補完手段として存在するのではなく、「社会保障制度がこれら三つの部門(「家族」「会社」「地域社会」)によって組み立てられ、そして制度化されてきたという特徴をもっている」(宮本ほか 2003：303)。さらに日本では、この家族中心的福祉レジームの根底に、女性の家庭内・地域内における無償労働が前提とされてきた (落合ほか 2007)。確かに脱工業化のさらなる進展は製造業に典型的な組織労働の解体によって福祉国家推進力を減じるが、一方で、既婚女性の就労増や三世代世帯の減少、地域社会の変容は、これらに代替する新しい福祉圧力を生みだし、福祉国家の再編を進めるのである (宮本 2002)。

福祉国家再編期において、1980 年代から 90 年代前半を特徴づけるのは「民営化」と「分権化」であるとされる (藤村 1999)。武川 (2006) は、

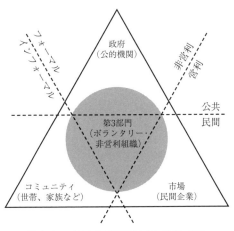

図 1-1 ペストフの福祉トライアングル
資料：ペストフ 2000=2007 より筆者作成。

家族・市民社会・国家という三つの領域によって福祉国家の再編への圧力を整理した。それによれば、三世代同居率の高さ、離婚率の低さ、女性労働力率の低さから、家族は日本の福祉サービス供給における重要な領域であったが、1980年代以降、これらの条件には変化が生じており、福祉国家における家族領域は縮小した。また、国家領域においても、経済成長の鈍化による財政難に加え、国家によって供給される福祉サービスの「インフレキシビリティ（硬直性）[7]」「パターナリズム[8]」は、利用者ニーズの多様化に対応できなくなっている。

　先進諸国の福祉供給における国家や家族の領域が相対的に縮小し、民営化と分権化が進められるなかで、地方自治体や民間企業、NPOといった多様な主体による福祉供給（福祉ミックス）が注目されるようになった。たとえば、Pestoff (1998) は、福祉供給における主体を「福祉トライアングル」として模式化し（図1-1）、従来の供給主体の欠点を補完する主体として非営利組織を位置づけた。福祉供給の主体は、「非公式部門 informal sector」としての家族、「公共部門 public sector」としての中央政府や地方自治体、「民間営利部門 private sector, commercial sector」としての民間企業、「民間非営利部門 voluntary sector」としての自発的な市民から成り、これらの最適ミックスによる福祉政策の実行

が必要とされている。いずれかの部門への過度の依存は、福祉供給の不全を引き起こす。市場への依存はサービスの質そのものに問題を生じさせる「市場の失敗」を、公共部門への依存は財政支出とサービスの硬直化やサービス従事者のモラル低下といった「政府の失敗」を、家族への依存は核家族化や女性労働力の変化によって機能不全が生じる「家族の失敗」を、それぞれ招くのである。

(2) 国内外における福祉の地理学の視点

　福祉の地理学は、上記のような福祉国家をめぐる社会変容と再編のもとで、地域における福祉供給へのインパクトや需給の地域間格差などの問題に注目してきた。福祉国家が前提とする「大きな政府」が相対的にその役割を小さくするならば、地方政府の財政的な基盤やそれぞれの地域で活用できる主体や資源が地域の福祉供給のあり方に影響を及ぼす。こうした文脈から、英語圏の地理学では、サッチャリズムに代表される新自由主義によって生じた「福祉切り捨て」（福祉支出の削減）と、それにともなう施設の地理的偏在や地域間格差が指摘されてきた（Pinch 1985；1995など）。

　他方、日本における福祉の地理学は、1990年代以降、高齢者福祉（介護）と児童福祉（保育）を中心に進められてきた。なお、母子福祉については、特に住宅やハウジング研究のなかで、シングルマザーの住宅や就業、生活面の実態を明らかにした研究が蓄積されている。また、障害の地理学は、海外では1980年代後半から研究が進められてきたが、日本での蓄積は端緒についたばかりである（Miyazawa 2013）。

　福祉サービスが地理学の研究対象となる理由は、以下の2点である。第一に、公共施設や福祉施設のもつ距離減衰効果がある。同一自治体内でも福祉施設への近接性は利用者間で差があり、施設から遠い利用者は移動費用がかさみ、便益が低下する。特に、送迎が必要となるような介護や保育などの福祉サービスの場合、自宅や職場との距離がサービスの利用可能性に大きく影響するため、ミクロな空間的範囲での施設の最適配置を検討する視点が重要になる。第二に、福祉サービスの供給には国家間や自治体間など様々なスケールでの地域的差異が生じており、こう

した差異の実態や要因を明らかにすることは地理学的課題となる。

　これを反映して、国内における福祉を扱った地理学の研究視角は、施設の最適配置（近接性やアクセシビリティ）と、需給の地域差および要因に着目するものとに大別される。

　まず、アクセシビリティと施設配置に関する研究蓄積について、保育サービスを中心に整理しておく[9]。日本の大都市における職住分離の都市空間構造と公共交通機関に依存した生活スタイルは、ミクロな地理的範囲での保育施設の需給バランスを整合することをいっそう困難にする。時間地理学的研究は、こうした困難を詳細に描き出してきた。働く親が保育施設を利用する場合、近接性のみならず、通勤経路上にあるか、買い物など別の活動に支障をきたさずに利用可能か、保育時間と就業時間はマッチしているかといった、生活空間全体のなかでの調整が必要となる。国内外における時間地理学的研究は、既婚女性が家事や育児・介護などの家庭内での責任と賃労働やコミュニティ活動など家庭外での責任とを両立させるために時空間的制約を受けていることを示し、地域の公的保育の利用可能性の影響や拡充の必要性を指摘した（神谷 1996 など）。さらに、時間地理学的シミュレーション手法による分析から、施設へのアクセシビリティのミクロスケールでの地域差や、子の年齢や母親の就労形態によっても制約に違いがあり、柔軟性を欠いたサービス供給が女性のライフコース選択を狭めてしまう可能性が示された（宮澤 1998 など）。

　他方、需給の地域差に関する研究群[10]では、福祉サービスの需要や供給体制が地域や自治体ごとに異なることに着目し、そのあらわれ方や要因を検討した研究が進められてきた。需給の地域差を分析する際に用いられる地域スケールはサービスによっても異なるが、保育や介護などの福祉供給は一般的に地方自治体が供給単位となるため、地理的に連続した地域でも、行政界を超えることでサービスの量や質に差が生じる政治的領域性をもっている。需給の地域差に注目する視点は、「地域的公正 territorial justice」の概念に影響されている。地域的公正とは、地域のニーズに比例した公共サービスの配分であり、ニーズの大きさとサービスの供給量から公正の度合いが判断される。保育の地域的公正に関心をおく研究は、主に公的保育所の待機児童数等の「表明されたニーズ」

や域内の女子就業率等から推定したニーズ値を用い、供給量がそれに満たない場合に地域的公正が達成されていないとする (Davies 1968)。

大都市圏と地方圏を比較した場合、高齢者介護や保育の公的施設供給は、総じて都市部で不足している。都市部では、一般的に、高い核家族世帯率や相対的に希薄な地域コミュニティなどを背景としてケアの外部化が生じやすく福祉需要が高いうえに、地価の高さや人口密集により国の施設基準を満たす用地を確保するのが難しいためである。加えて、自治体による公的福祉供給は基本的に行政領域の範囲内を前提とするのに対し、福祉需要は行政領域を超える場合や領域内部で異なる場合があるため、需給のミスマッチや域内のコンフリクトを生じやすい。利用者は、親族や地域コミュニティ、民間サービスなど多様な資源の組み合わせによって対応しようとするが、利用可能な選択肢は地域や階層によって異なる。こうした問題に対し、需要者は中央・地方政府への働きかけや運動によって改善を図るほか、サービスを利用できる地域や自治体へ移動する「足による投票」が生じる場合もある。

ただし、福祉供給の自治体間格差をもたらす要因は単純ではない。サービス供給や公正の度合いが地域ごとで異なる要因として、自治体の財政力、支持政党、施設ストックの多寡、福祉政策の歴史的過程などが挙げられる。福祉事業は地方自治体の財政的負担となる反面、地域経済へのポジティブな影響もある。特に地方圏では、介護・福祉施設における雇用効果、介護施設への入所のための高齢者の移動とそれにともなう年金・介護保険等の所得移転効果、福祉のまちづくり事業における雇用創出効果が指摘されている (宮澤 2006)。また、中央政府の制度変更にともない、地域内で独自に形成されてきた福祉供給のシステムが失われるケースもある (稲田 2009)。

地域の福祉サービスの需給体制は、以上のようなローカルな相互作用によって規定されており、現時点での供給の地域差を分析する際には、背景となる地域的文脈に留意する必要がある。

(3) 福祉供給の多元化と福祉の地理学の課題

福祉の地理学における近年の主要な論点に、福祉の規制緩和の影響が

挙げられる。1990年代以降、少子高齢化と多様化する福祉ニーズへの対応が求められるようになり、市場原理による柔軟で迅速なサービス供給を可能にする制度の導入が進められた。高齢者福祉における大きな制度変化の一つとして、2000年の介護保険の導入がある。介護保険の導入によって、高齢者介護サービスの利用は自治体による措置から利用者と事業者の直接契約となり、サービス事業者の多様化が進んだ。同様に、保育サービスでも、1997年の児童福祉法改正にともない保育所入所は措置から契約へと移行した。2000年には認可保育所の設置主体制限が撤廃され、従来の地方公共団体・社会福祉法人に加え株式会社やNPO法人等にも設置が認められるようになった。

しかし、地域的公正性の視点からの研究蓄積によれば、これらの制度変化と規制緩和は、施設の偏在を改善せず、地域的不公正を招く側面があることが報告されている。特別養護老人ホームの地域的偏在は都市部での待機者や遠距離施設への入所などの問題を引き起こし、在宅介護サービスにおける営利企業の参入は採算性の高い都市部に集中した（宮澤 2003；杉浦 2005 など）。さらに、保険者地域内における介護事業所の分布に偏りがありサービス利用機会の地理的不均等があること、家族構成による世帯内での介護力の違い、経済力にもとづく利用者負担の支払能力が介護の外部化の程度に影響を与えることなども挙げられる。

福祉供給の多元化が進むなかで、新たなサポート源として地域住民を中心としたボランタリーな主体の役割もまた注目されている。大都市圏郊外では、既婚女性の活発な地域活動への参加を背景に、郊外女性の主導するNPO法人が重要な役割を果たしている。また、地方農山村でも、近隣の人口減少と民間事業者の参入の乏しさによって、住民参加の地域福祉活動に期待が寄せられている（中條 2008）。

同時に、政府の調整機能を導入する「準市場 quasi-market」の役割も重要性を増している。一般に、福祉サービス供給が市場化される場合、供給側と利用側の情報の非対称性によって、質への不安から利用が抑制されたり料金が高騰するなどの「市場の失敗 market failure」が生じることがある。また、市場原理に任せた結果、採算性を重視する経営主体の合理的立地選択によって施設分布の偏在や不公正が生じうる。こうし

た問題を解消するうえで、国家や政府が費用の一部負担や料金・質に関する規制を設定し、支払能力の格差や情報の非対称性による不平等を回避しようとする「準市場」原理を組み込んだ供給が重要となる。1990年代以降、保育所不足が深刻な大都市圏のいくつかの地方自治体では、独自の規制を設けた認可外保育所への補助制度が導入されており、施設配置の面で公的保育所の立地の隙間を補完するほか、駅前など利便性の高い地点への立地促進の効果が指摘されている（矢寺 2001；若林 2006）。

他方、地方行財政改革の一環として行われた、いわゆる「平成の大合併」による行政領域の再編成が地方政府のガバナンスや福祉供給にどう影響するかといった論点も注目される。たとえば、旧市町村間に峠のような地理的分断条件がある場合、サービスの相互利用による効率化は進みにくい（畠山 2007）。保育でも、施設の統廃合による通園範囲の広域化とアクセシビリティの悪化、複合施設における実質的な人員削減によるサービス低下といった影響が生じうる。

(4) 本書の研究枠組

以上を踏まえ、本書では、保育サービス供給と需要の地域的背景について、図1-2のような枠組みを設定する。保育サービスの需給構造を規定する地域的背景には、①経済・産業的な要素、②社会・文化的な要素、③政治的な要素、の3点が考えられる。①の経済・産業的な要素としては、地域の産業を背景とした働き方の側面を指す。たとえば、地域の基幹産業が女性を多く必要とする場合、保育需要は増大しがちであり、供給構造にも影響を与える。また、事業所が集中し雇用機会が多い大都市圏では、他地域からの人口流入にともなって都市圏が拡大し、職住分離の都市空間構造と公共交通機関による長距離通勤が一般化した。このことは、子育て世帯の生活空間や保育サービスの利用行動に影響を及ぼしている。また、②社会・文化の要素としては、三世代同居世帯が多いか核家族世帯が多いかといった家族構成、住民の所得階層やジェンダー規範、コミュニティ意識が挙げられ、これらの違いは地域の保育需要や供給システムに影響する。また、③政治的要素としては、地域の財政状況

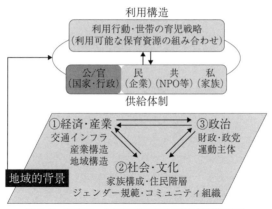

図1-2 保育サービス需給に影響する地域的背景
資料：筆者作成。

や、福祉政策に積極的な政党や首長であるかどうか、運動主体が存在しているかどうか、といった要素が挙げられる。これらの3要素は、それぞれ独立に存在するわけではなく、互いに影響しあいながら地域の保育需給の地域的背景をなしている。また、地域の保育供給は、行政などの公的な主体のほか、企業などの民間営利部門や地域コミュニティやボランティア・非営利組織などの共同体的な部門、家族などの私的部門が担い、どの部門が中心的役割を果たすかは、地域的背景や当該時点の中央政府の政策等によって異なる。一方、子育て世帯は、働き方や家族構成などの諸条件や地域の供給体制を踏まえながら、利用可能な保育資源の組み合わせを選択していく。本書では上記の地域的背景のなかでも、特に①や②に焦点をあてて分析を進める。

3　日本における保育供給の展開

本書では、子育て支援のなかでも、保育所とそこで供給される保育サービスを中心に取り扱う。戦後日本における保育所は、基本的に公的部門（国や地方自治体）がその供給責任を負ってきた。

日本の保育供給の展開は、戦後から高度経済成長期の（疑似）福祉国家化の時期における拡充、1970年代以降の抑制を経た後、1990年代以

降、「少子高齢化」が社会問題として大きく注目されるなかで再編されつつある。ここでは、保育所と幼稚園の二元体制、戦後における保育所需給の展開を整理する。

(1) 日本における保育所と幼稚園整備の推移

　日本における未就学児の保育・教育の場として中心的な役割を果たしてきたのは、保育所と幼稚園である。保育所は、児童福祉法にもとづく児童福祉施設（厚生労働省所管）であり、幼稚園は学校教育法にもとづく学校教育施設（文部科学省所管）である。保育所は児童福祉施設であるため、入所する際には保護者が就労、介護、出産等により子どもの面倒をみることができない（「保育に欠ける」）ことを証明する必要がある。この要件を満たし、保育所の空きがあれば、0歳から保育所に入所することが可能である。一方、幼稚園は、家庭の判断によって入園することができ、3歳以上児を対象としている。開所日数・時間も異なり、保育所は1日8時間、年間300日の開所を基本とするのに対し、幼稚園は1日4時間、年間39週以上の開園で春・夏・冬休みがある。

　幼稚園数は、第二次ベビーブームによる出生児数の増加を背景に1970年代に急増し、1980年代半ばにピークを迎えた後、少子化と共働きの増加により減少傾向にある（図1-3）。2008年現在の幼稚園施設数は1万3626ヶ所で、児童数は167万4163人である。入園児童数のうち、3歳児は42万7135人で入園数全体の25.5％であり、1998年度の20.8％から上昇傾向にある。

　保育所においても、1970年代に施設数が増加した。1955年に8321ヶ所であった保育所数は、1966年まで毎年200～500ヶ所ずつ増加し、1960年代後半よりさらに増設された。1980年代を半ばに施設数は微減傾向となるが、経済不況と共働きの増加によって保育需要が拡大しており2001年より再び増加している（図1-4）。入所児童の年齢は、1960年代から70年代にかけては3歳以上児が大半を占めていたが、1980年代以降は3歳未満児の入所比率が高まっている（図1-5）。2009年度現在において入所児童は204万人で、うち3歳以上児が133万人、1・2歳児が61万人、0歳児が9.2万人で、3歳未満児の利用が34.8％を占める。

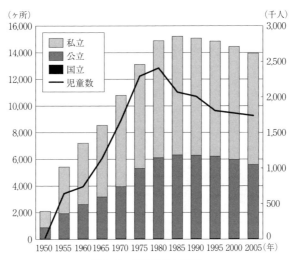

図1-3 幼稚園数の推移

資料：学校基本調査より作成。

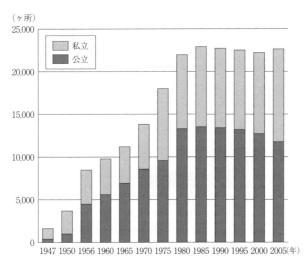

図1-4 保育所数の推移

資料：1947年は「児童福祉法成立資料集成」、1950年は『保育所年報』、1956～1975年は「社会福祉施設調査報告」、1980～1995年は「厚生省報告例」、2000・2005年は厚労省報道資料「保育所の状況について」による。

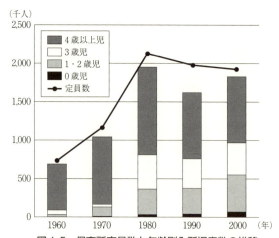

図1-5　保育所定員数と年齢別入所児童数の推移

資料:「厚生省報告例」、1960年は「社会福祉施設調査報告」による。

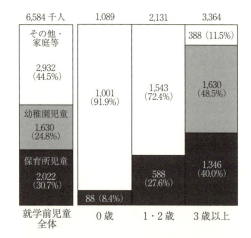

図1-6　就学前児童の施設入所状況（2008年）

資料：厚生労働省「保育所の状況」および学校基本調査による。

　図1-6は、2008年時点の未就学児における保育・教育サービスの利用状況を示したものである。0歳児では家庭等での保育が最も多く全体の9割を占めるが、1・2歳では全体の27.6%が、3歳以上では全体の40.0%が保育所を利用している。3歳以上児では幼稚園利用児が48.5%

あるが、未就学児全体としては保育所を利用する児童が、家庭等での保育に次いで多い。なお、1997年時点では、未就学児全体に占める保育所利用比率21.2％、幼稚園利用比率23.0％、家庭等55.8％であった[11]。

(2) 保育所整備の歴史的経緯

　狭義の保育サービスは、保育所に代表される施設型サービスと、ベビーシッターに代表される施設外型サービスに分けられる。日本では施設型サービスが一般的で、児童福祉法にもとづき認可を受けた認可保育所が、公的保育の中心的役割を担っている[12]。保育所への認可は設備や職員配置の基準を満たした施設に与えられ、国と都道府県、市区町村から運営費への公的助成を受ける。厚生労働省の調査によれば、2011年4月現在、全国の認可保育所の施設数は約2万3000ヶ所、利用児童数は約212万人で、未就学児の約3割が認可保育所を利用している。一方、上記以外の保育所は、認可外保育所と総称される。2010年現在における全国の認可外保育所は約7400ヶ所あり、入所児童数は約20万人である。

　以下では、日本の保育供給において中心的な役割を果たしてきた認可保育所の整備について、歴史的経緯を概観する。なお、保育政策の歴史的経緯については、主に、児童福祉法研究会編（1978）、橋本（2006）、網野ほか（2007）、張（1997）、金（2006）を参照する。

①戦後から「1.57ショック」までの保育所政策

　日本の乳幼児に対する保育では、保育所（認可保育所）が中心的な役割を担い発展してきた。保育所は児童福祉法の制定により児童福祉施設の一種として位置づけられたものであり、その前身は明治期に発展してきた託児所にさかのぼる。日本人による託児所として記録が確認できる最古の施設の一つは、新潟市における家塾付設の託児所であり、塾生が背負ってくる幼い弟妹を別室で保護したことに始まる。その後、地域の就労母の要請にこたえる形で託児所としての形態が整えられた。また、女性労働力確保の目的から、1894年には東京の大日本紡績株式会社の工場において、1896年には福岡県の三池炭鉱において、それぞれ託児所

が設置された。大正時代になると、託児所は大都市圏における低所得者の生活不安を解消する社会施設の一環として整備され、大阪市 (1919年)、京都市 (1920年)、東京市 (1921年) などで公立託児所が普及した。一方、大正後期には農村部における小作争議を背景として、農繁期託児所が設置されるようになった。昭和時代になると、1938年に社会事業法のなかで託児所が社会事業施設の一部として位置づけられ、1944年には2000ヶ所超の託児所が設置された。

　このように、戦前にも託児所は存在していたが、その対象は低所得層等に限定されたものであった。現在の保育所の位置づけを規定する児童福祉概念が成立・定着するのは、戦後から昭和30年代にかけてのことである。その出発点は、第二次世界大戦直後の浮浪児対策にある。戦後、社会的混乱や物資不足を背景として、戦災で両親を失った孤児や引揚孤児などによる物貰いや残飯あさり、盗みなどの行為が増加し、政府はその対応を迫られていた。また、GHQ (連合国軍総司令部) の占領地政策としても、街頭化した浮浪児問題は秩序と体面を乱すものであり、浮浪児の取り締まり強化もたびたび実施されたが、根本的な解決にはつながらなかった (寺脇1997)。こうした状況下で、児童保護関係事務を担当していた厚生省社会局および中央社会事業委員会は、基本的・体系的な児童保護対策の必要性を痛感することになる。こうした児童福祉概念の定着は、中央社会事業委員会による「不幸な浮浪児等の保護の徹底をはかり、すすんで次代のわが国の命運をその双肩ににない児童の福祉を積極的に助長するためには、児童福祉法とも称すべき児童福祉の基本法を制定することが喫緊の用務である」との答申 (1947年1月) にもあらわれている。この答申を受けた厚生省社会局によって、1947年8月には、数回の法案推敲を経た児童福祉法案が提出され、同年12月に児童福祉法が制定された。このとき成立した児童福祉法では、保育所は「第24条 市町村は、保護者の労働その他命令で定める事由により、その監護すべき乳児又は幼児の保育に欠けるところがあると認めるときは、その乳児又は幼児を保育所に入所させて保育しなければならない」のように規定され、国が責任をもつ施策・制度となった。さらに、1948年には児童福祉法にもとづく児童福祉施設最低基準により、設備基準や人員配置、

保育時間に関する規定が示された。

　児童福祉法の制定とともに、戦前の託児所は、「保育所」として法的位置づけを得た。しかし、保育所の概念規定は、従来の託児所とは大きく異なるものであった。戦前の託児所において、明確な児童福祉の概念はなく、生活困窮者の保護と、富国強兵、殖産興業政策の影響下での「人的資源」確保の目的でその整備がなされた。一方、戦後の保育所が位置づけられた児童福祉法は、新たに制定された日本国憲法に基盤をおくものであった。基本的人権の確立、社会権的生存権的基本権[13]を特徴とする日本国憲法では、児童もまた一個の人格として「児童の権利」をもつことが承認された。保育所は、家族の経済的基盤が保障され、適切な養育を受ける権利を保障する施設として位置づけられた。こうして保育所は、困窮児や不良児、特殊児童のみを「保護」することを目的とした従来の託児所から、少なくとも理念上はすべての児童を対象とした施設へと転換することとなった。具体的には、(1) 託児所は低所得世帯の児童以外は入所できなかったのに対し、保育所は所得階層をとわず、日中家庭に世話をする者がない、いわゆる「保育に欠ける」児童を受け入れた[14]、(2) 託児所には保育者の規定がなかったのに対し、保育所は保母の資格が規定されたといった変化があった。この「保育に欠ける」児童という概念は、従来の託児所から保育所をより広範な対象に普及させていくうえで意味をもったと同時に、教育施設である幼稚園との統合問題が当初から指摘されており、就学前児童の教育と保護という両者の亀裂を内包したまま保育所政策が開始されることになる。それは後に、保育所と幼稚園における利用対象の問題へと通じていくのである。

　さて、当時の児童福祉施策の優先課題は、戦後の混乱のなかで生じた生活困窮者や孤児に対する緊急保護対策であり、児童福祉施設の設置・運営にウエイトがおかれ、全国一律の措置制度を背景に整備が進められた。なかでも、保育所は母親の労働や第一次ベビーブームを背景に需要が急増していたため、量的整備が優先的課題とされた。1948年には児童福祉施設の設備、運営について定めた児童福祉施設最低基準が制定され、措置費国庫負担制度が整備されるなど、保育所制度の基礎が構築された。当初すべての児童を対象としていた保育所は、1950年代以降、

入所措置、運営面での不適切な問題の発覚や財政難を背景として、その利用範囲を狭めた。1954年に厚生省児童局は「保育に欠ける」の解釈の縮小化を支持し、1961年には保育所入所措置基準の設定により「保育に欠ける」要件が定められた[15]。これによって、特に施設が不足しているような地域においては、家事育児等、家庭での労働に従事している保護者や自営業に就く保護者の入所が認められにくくなった。

1960年代には、高度経済成長、女子労働の増大、人口の都市集中化、核家族化の進行などを背景に、保育所需要はますます増大するとともに運営内容の質的充実が重要課題とされた。高度経済成長を背景に、女性労働力に対する需要・職域が拡大し、電化製品の普及にともなう家事労働の軽減や消費ブーム、物価や教育費の上昇により、既婚女性の就業者数が増大したのである。これにより1967年には約148万人であった要保育児童数は、1977年には約226万人と推計された[16]。施設不足は特に大都市圏において深刻で、横浜市では小学校未就学児100人につき保育所定員が4.0人、神戸市で4.1人と最低の値となっており、最も多い高知県では31.2人、石川県では30.1人であった（1970年時点）[17]。こうした需要急増と施設不足に対処するため、1967年から1970年まで年次的に保育所整備が図られ、1970年から1975年の5年間には社会福祉施設整備計画の一環として保育所緊急整備5か年計画が策定された。これら計画策定の背景には、施設不足が特に深刻であった大都市圏の革新自治体による保育所整備が先駆的に行われてきた事情がある。また、保育所建設の際の国庫補助単価が実際の建設費用より低額であったことから地方公共団体における超過負担の問題が生じたのもこの時期であった。他方、乳児保育特別対策の創設（1969年）、企業内保育施設の指導等に対する助成措置（1974年）、障害児保育の試行的実施（1974年）など、運営面での施策が新たに講じられた。

1973年と78年の2度の石油危機を経て高度経済成長期が終焉し、国や地方自治体における財政状況が悪化したことから、1970年代後半以降、「福祉見直し」や「高福祉・高負担」が強調されるようになり、自助努力と家族を強調する「日本型福祉社会論」のもと保育所への財政支援は縮小した。保育所では1980年前後に入所児童数・定員数がピーク

表1-1　1955年から1980年における女子労働力の変遷

	1955	1960	1965	1970	1975	1980
1.女子労働力率（％）	56.7	54.5	50.6	49.9	45.7	47.6
2.女子雇用者数（万人）	531	738	913	1,096	1,167	1,354
3.雇用者中の女子比率（％）	-	31.1	31.8	33.2	32.0	34.1
4.女子雇用者の構成（％）						
未婚	(65.2)	(63.2)	50.3	48.3	38.0	32.5
有配偶	(20.4)	(24.4)	38.6	41.4	51.3	57.4
離死別	(14.3)	(12.5)	11.1	10.3	10.8	10.0
5.女子雇用者平均年齢（歳）	-	26.3	28.1	29.8	33.4	34.9
6.同平均勤続年数（年）	-	4.0	3.9	4.5	5.8	6.3
7.短時間雇用者比率（％）	-	8.9	9.6	12.2	17.4	19.3

1〜4、7は『労働力調査』、（　）は『国勢調査』、5・6は『賃金構造基本調査』による。
資料：熊沢（2000）より抜粋、一部改変。

に達した後減少に転じ、それまでの優先課題であった量的充足から多様化する保育ニーズへの対応が重要視されるようになった。一方、この時期には、サービス経済化の進行によって女性雇用労働力の中高年齢化、有配偶化、高学歴化の傾向がさらに強まり、第三次産業への女性労働力の吸収、フレキシブル労働への需要拡大が進行した。表1-1では、有配偶女性の雇用者比率が1970年代半ばには半数を超え、短時間雇用者比率が2割弱まで高まっていることがわかる。このことは、結婚しても仕事を続ける女性や、一度退職した後にパートタイム等で再就労した女性の増加を示している。第三次産業に多く吸収されたこれらの女性の就業継続や再就労は、保育所の保育時間や保育年齢、入所時期の柔軟さといったサービスの質的側面へのニーズを増大させた。

　しかし、従来からの認可保育所の基準保育では、これらのニーズにこたえることが困難であった。多様化した保育ニーズの受け皿となったのは、認可外保育所である。山（1984）によれば、認可外保育所利用者のニーズは、乳児保育や病児保育、高額保育料負担層の選択的利用のほか、専門職や販売職、サービス職などの夜間勤務、シフト勤務、土日出勤に対応できる延長保育、飲食店や風俗営業を中心とするサービス業従事者による夜間（19時〜22時）・深夜（22時以降〜未明・早朝）の夜間保育、臨

時・季節就労・訪問セールス、勧誘・集金など不安定就労層による突発的保育等にまとめられる。労働省婦人少年局が1981年に実施した全国認可外保育所の利用者2000人に対する調査では、認可外保育所の利用者の約4割がサービス・保安職に就く者であり、それら職業に就く利用者の72.5％が「深夜（22時以降〜午前）」、6.7％が「夜間（19〜22時）」に利用していた。他方、一部のベビーホテルにおける劣悪な保育環境が社会問題化する。1980年3月以降、ベビーホテルの安全面や劣悪な環境がマスコミ等で取り上げられ、同年9月に松山市で生じた乳児死亡事故を契機として、この問題が国会でも審議され、実態調査が行われた。その結果、1981年に児童福祉法の一部改正が行われ、厚生大臣および都道府県に無認可児童福祉施設に対する報告徴収・立入調査権限が付与された。また、乳児院への短期入所制度や夜間保育事業、延長保育特別対策の創設、年度途中入所の円滑化、乳児保育を中心とする小規模保育所の設置促進などが進められた。

　一方、1980年代半ば以降、臨時行政調査会や臨時行政改革推進審議会などを通じて、国と地方の機能分担や費用分担のあり方が検討され、行財政改革が進められた。1986年には「地方公共団体の執行機関が国の機関として行う事務の整理および合理化に関する法律」（行革一括法）が公布され、機関委任事務の整理合理化と地方への権限移譲が行われた。これにより児童福祉法が一部改正され、保育所の入所措置は市町村の義務となり、入所措置基準は政令をもとに市町村が具体的な基準を定めることとなった。国と地方自治体の費用分担も見直され、措置費の国庫負担率は従来10分の8であったが、1985年の10分の7の暫定措置を経て翌年以降10分の5へ引き下げられた。この背景には、低所得者対策として開始された保育所制度が、経済状況の変化にともない勤労者家族一般を対象とするようになった状況があった。入所措置事務が市町村の義務となったために、保育施策に関する行政運営は市町村の主体性がいっそう重視されるようになった。1998年には、乳児保育における所得制限の撤廃や延長保育の基準弾力化、一時保育事業や保育所地域活動事業が設けられた。

　このような日本の保育所政策は、「先進性」と「階層性」に特徴づけ

られる。すなわち、日本の社会福祉政策が扶養親族に依存し全体としてはその発展が立ち遅れたにもかかわらず、公立保育所整備率は他の先進諸国と比較しても高い水準に達していた一方で[18]、利用階層が限定的で、乳児保育・延長保育、一時保育等の多様な保育ニーズに対する政策的対応に遅れが生じていた。

② 「1.57ショック」以降における子育て支援

　こうしたなか、1990年代以降の保育所政策に決定的な影響を及ぼしたのは、いわゆる「1.57ショック」である。1989年の合計特殊出生率が1.57となり、丙午(ひのえうま)による出産抑制が起きた1966年を下回るほどの出生率低下が社会的関心を集めた。少子高齢化が社会問題として意識されたこと、女性労働の多様化が進んだこと、サポート資源として期待されてきた三世代同居のような世帯構成に変化が生じてきたことなどにより、従来の政策枠組に転換が迫られるようになった。

　図1-7は、2003年における厚生労働省による子育て支援の枠組みである。認可保育所では、延長保育や休日保育、乳幼児保育など柔軟な保育サービスの拡充が求められている。また、1997年に「放課後児童クラブ」として法制化された学童保育は、対象年齢の拡大を示している。さらに、3歳未満の子どものいる非共働き世帯には政策的対応がとられていなかったが、非共働き世帯も含む支援として「地域子育て支援」が2003年に打ち出された。このような、国による制度化が遅れていたサービスは、認可保育所のように国家主導のもと拡充されたサービスに比較して、導入や運営の実態に地域的背景が大きく影響している。ナショナル・ミニマムとしての認可保育所の量的整備・適正配置が重要であることはいうまでもないが、幅広い利用者を対象とした柔軟なサービス供給の実現には、新しく展開され始めたサービスへの着目も欠かせない。ここでは、以上のような子育て支援の枠組みの変化の背景と経緯を確認するために、1990年代以降、主に「少子化対策」として策定された各種プランとともに保育所制度の変化を概観していく。

　少子化対策が喫緊の課題と認識されるなかで、1990年に「健やかに子どもを生み育てる環境づくりに関する関係省庁連絡会議」が内閣に設

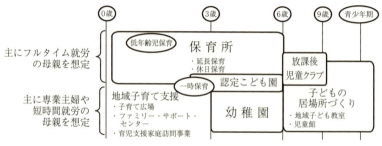

図 1-7　国の子育て支援の枠組み

資料：2003 年厚生労働省資料をもとに筆者作成。

置され、少子化問題とその対応に関する検討が重ねられた。1994 年には、厚生・文部・労働・建設の 4 大臣合意による「今後の子育て支援のための施策の基本的方向について」（エンゼルプラン）および大蔵・厚生・自治 3 大臣合意による「当面の緊急保育対策等を推進するための基本的考え方」（緊急保育対策等 5 か年事業）が策定された。エンゼルプランでは、「子育てと仕事の両立支援の推進」「家庭における子育て支援」「子育てのための住宅及び生活環境の整備」「ゆとりある教育の実現と健全育成の推進」「子育てコストの軽減」が基本的方向とされ、緊急保育対策等 5 か年事業において、より具体的な目標が掲げられた。すなわち、低年齢児保育、延長保育の定員増、一時的保育、地域子育て支援センターの施設増、多機能保育所の新設で、それぞれに目標数値が掲げられた。

　その後、少子化の進行の背景には社会経済的・意識的な面での様々な要因が影響しているため、より総合的な対応を図るべく、1999 年に「新エンゼルプラン」が策定された。保育サービス関係ではエンゼルプランでめざされた保育所のソフト面での充実に加え、育児休業給付水準の引き上げや短時間勤務制度等の拡充、ファミリー・フレンドリー企業の普及促進など、働き方も含めた対策へと拡大している。2002 年にはこれに引き続き「少子化対策プラスワン」が策定され、「男性を含めた働き方の見直し」「地域における子育て支援」「社会保障における次世代支援」「子どもの社会性の向上や自立の促進」の四つの柱に沿って、国・地方公共団体・企業等の主体が計画的に取り組むことが求められて

いる。これにともない、「次世代育成支援対策推進法」が2003年に公布、2005年に一部を除き施行された。この法律は、地方公共団体や事業主に対し、行動計画の策定を義務づけたものである。また、2003年には少子化対策施策の基本理念を明らかにした「少子化社会対策基本法」が公布され、これにもとづく少子化社会大綱とその具体的実施計画である「子ども・子育て応援プラン」が策定された。

　また、少子化の進行が社会的に問題視されていることを背景として、1990年代後半以降、児童福祉法の改正が行われてきた。1997年の改正では、主に以下の4点が大きな変更点である。すなわち、(1) 市町村の措置により保育所に入所する仕組みが、保護者が希望する保育所を選択する仕組みに改められた。(2) 保育料の負担方式について、所得に応じた保育料の負担方式を、児童の年齢などに応じた保育サービスの費用を基礎とする負担方式に変えられた。(3) 保育所において地域住民からの保育相談に応じ、助言を行う努力義務が規定された。(4) 放課後児童健全育成事業を第二種社会福祉事業として位置づけたうえで法定化し、市町村がその普及に努めることが定められた。この法改正により、措置制度が保育所入所に関して廃止され、初めて利用者選択制が導入されることとなった。

　また、2001年には、認可外保育所での事故の増加を背景に[19]、認可外保育所に対する監督強化や設備改善の目的から保育所整備促進のための公有財産の貸付等の推進が定められたほか、保育士資格の法定化が規定された。さらに、2003年には、市町村における子育て支援事業の実施が定められ、市町村は保育所での児童の養育を支援する事業や保護者からの相談に応じ情報提供・助言を行う事業等の実施に努めることとなった。加えて、2015年以降は、認可の対象となる最低定員や施設面積等が緩和され、保育の必要度の新たな算定枠組が設けられた。そこでは、親の就労や家庭条件から判断された保育の必要度に応じて保育所または幼稚園の利用、利用できる保育時間が定められるようになった。また、保育所と幼稚園の二元体制を克服するために、一つの施設で保育所機能と幼稚園機能をもち子育て支援事業を行う「認定こども園」が新設された。「認定こども園」には、幼保連携型、幼稚園型、保育所型、地

方裁量型の4タイプがあり、施設数は増加している。ただし、従来の幼稚園と保育所の保育時間や施設設備の違い、保育士・幼稚園教諭の業務内容の違いなどから、運営上の問題も指摘されている。

注
1) 市民が、仕事や所得あるいは一般的な厚生を喪失することなしに、必要と認めた際に、労働から離脱することができること。市場への依存を緩和する程度。
2) 脱商品化の程度は低く生活保障は最低水準で、国家は市場を通じた私的福祉システムを支援、育成する。
3) 職業別・地位別に社会保険制度が分立している。市場効率や商品化の機能には自由主義レジームほど依存せず、代わって階層間格差の維持が重視されている。国家の給付は、家族の各種扶養サービス機能・能力が枯渇した場合にのみ提供される。
4) 各階層が単一の普遍的な社会保険制度に加入している。家族のキャパシティが底をついた場合に国が支援の手をさしのべるのではなく、家族・維持のコストを社会化する。(福祉)国家が完全雇用の保障に本格的に関与する。完全雇用の維持を基調とし、その達成に全面的に依存している。
5) 階層化区分が高位(社会保険制度の職域の再分化、給付条件の差が明確)で、家族主義の強さは保守主義レジームの特徴とされる一方、市場・民間部門の大きさ、社会保障支出の少なさでは自由主義的である。
6) プロテスタンティズムに対する儒教倫理の浸透と優先、強力な家族それにもとづく家族福祉、企業福祉における家族主義の特徴をもつ。
7) サービス内容や運用が硬直的・官僚主義的で、ニーズに応じた運用の柔軟性に欠けること。
8) 温情的庇護主義。専門家・行政官等が判定するニーズが当事者ニーズよりも優先され、利用者の自己決定能力や主体的な選択が軽視されること。
9) アクセシビリティに関する研究群としては、Myers-Jones and Brooker-Gross (1996)、Truelove (1996)、神谷 (1996)、武田 (1998)、宮澤 (1998a；1998b) 等を参照。
10) サービス供給の地域差に注目した研究群としては、Freestone (1977)、Kubo (1984)、Pinch (1987)、Skelton (1996)、Holloway (1998)、Holloway (1999) 等を参照。
11) 『平成10年版 厚生白書』による。
12) 「認可保育所」は、児童福祉法にもとづき設置が認可された保育施設を指し、公費(国と地方自治体)によって運営される。60人以上の定員を必要とし、保育料は利用世帯の所得階層によって定められる。

13) 社会権的生存権的基本権とは、憲法13条（個人としての尊重・幸福追求の権利）、14条（無差別平等）、24条（個人の尊厳と男女の平等）などを基礎として、25条（生存・生活権）、26条（教育権）、27条（労働権）、28条（労働者の団結、団体交渉、争議権）などから構成される。
14) 当初、「保育に欠ける」背景として挙げられる「保護者の労働」は、「広く家庭労働、自営労働も含むものと解する」と定義され、入所対象は広く位置づけられていた（松崎1948：132）。
15) (1) 昼間常態として働いている、(2) 妊娠中・産後間もない、(3) 病気やけが又は精神・身体に障害がある、(4) 同居の親族を常時介護している、(5) 災害復旧にあたっている、(6) (1)～(5)に類する状態、である。
16) 厚生省「全国要保育児童実態調査」による。
17) 厚生省『厚生白書　昭和45年版』による。
18) 保育所整備率とは、3歳以下人口に対する公共保育施設（公立・私立を含むが認可外施設は含まない）の定員数（日本の場合は在所数）の比率である。1990年時点において、日本は12％で、先進国12か国中4番目に高い比率であった（金2006：80）。
19) 認可外保育所での事故には、1999年の「スマイルマム大和ルーム事件」（神奈川県大和市）、2001年の「ちびっこ園池袋西乳児死亡事件」などがある。

2章
保育をめぐる地理的諸相

1　ローカルな保育ニーズ──家族と働き方の地域差に注目して

　ローカルな保育ニーズには、その地域の家族構成や就業構造が影響している。ここでは、全国の核家族世帯率、同居率（三世代世帯等）、専業主婦率、女性の職業別就業者比率から、これらの傾向を概観する。分析手法は武田・木下編著（2007）にならい、データは2005年の国勢調査を用いた。

　まず、6歳未満の子どものいる三世代同居世帯の比率と核家族の比率を、図2-1および図2-2に示す[1]。核家族世帯では育児の負担が親のみに集中するため、共働き世帯やひとり親世帯では育児を世帯外に外部化する必要性が生じ、保育サービスを含む子育て支援への量的ニーズが生じやすい。三世代同居世帯率では（図2-2）、東北から北陸地方、山陰地方では子どものいる世帯の6割以上が祖父母と同居していることがわかる。これら同居世帯率の高い地域は農村部に多いが、北海道や南九州では同居率が低い。この結果は、東北日本における同居志向の高さと西南日本における別居志向の高さを指摘した清水（1996）と一致する。他方、東京大都市圏や京阪神などの大都市圏、南九州や北海道などの地域では同居世帯率が低く、子どもをもつ親族世帯のうち、約8割が核家族世帯となっている。これらの地域では、保育所に入所できない場合、同居親族にみてもらうといった選択肢がとれないのみならず、保育所の送迎代行や買い物等の外出時に一時的に子どもをみてもらうといったサポートも得られにくい。そのため、延長保育等のサービスへのニーズも生じうる。

　他方、専業主婦率は総じて大都市圏で高い傾向がある。図2-3は、全国における30代専業主婦率である。これによれば、東北から北陸地方、山陰地方にかけての地域において専業主婦率は低い。これらは、三世代同居率が高い地域と一致しており、三世代同居と女性就業が正の相関を示すという既存研究とも符合する。他方、大都市圏の特に郊外では、専業主婦率が高く、核家族率も高い傾向がある。この背景には、後述するように、非大都市圏に比較して高い男性賃金と主婦化の進展、長時間通勤や雇用機会の不足、保育サービスの不足から就業継続が困難であることなどが挙げられる。いずれにせよ大都市圏では、育児期における共働

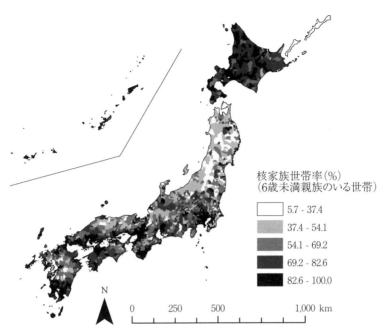

図2-1 市町村別核家族世帯率（6歳未満親族のいる世帯）

資料：2005年国勢調査より作成。

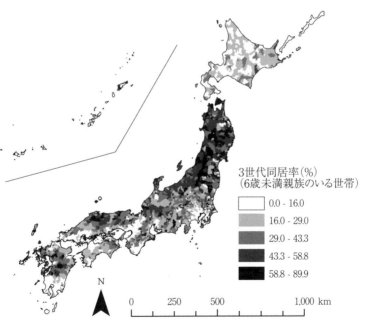

図2-2 三世代同居世帯率（6歳未満親族のいる世帯）

資料：2005年国勢調査より作成。

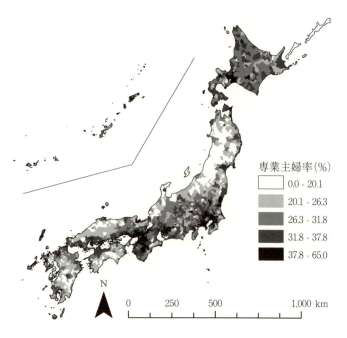

図 2-3　市町村別専業主婦率

資料：2005 年国勢調査より作成。

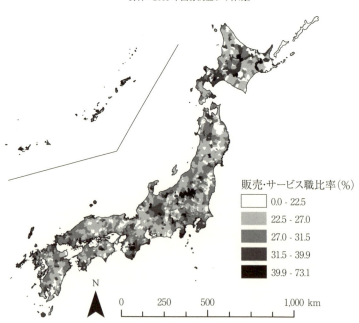

図 2-4　女性就業者に占める販売・サービス職の比率

資料：2005 年国勢調査より作成。

き世帯への保育サービスの拡充とともに、育児期の専業主婦の孤立を防ぐサポートに対するニーズも相対的に強くあらわれることが予想される。

職種も、保育サービスの質的ニーズに影響を与える。男性と比較して女性の就く比率が高い職業は、事務職、サービス職、生産工程・労務職である。事務職は、大都市圏と県庁所在地都市で高く、女性就業者の約4割が事務職に就いている。また、生産・労務職比率は、女性労働力を多く必要とする製造業の分布を反映して、東北地方や中部地方で高い。生産・労務職では、一般的にシフト制で勤務時間を家事や育児の生活時間にあわせて選択できる場合が多いために、保育時間との齟齬の問題は生じにくい。一方、事務職では、契約社員やパートタイム勤務の場合であれば就労時間を調整することが相対的に容易だが、フルタイム勤務の場合には勤務時間を育児等の都合でずらすことは難しい。さらに、事務職が卓越する大都市圏では、勤務時間の長さの問題もあり、保育所の保育時間との齟齬が生じやすい。

最も保育所の基準保育の保育時間と齟齬をきたしやすいと考えられるのが、販売・サービス職である。図2-4によれば、販売・サービス職は温泉地や観光地などで高い比率を示す。日光・水上温泉や、神奈川県の箱根町・湯河原町から静岡県の伊豆半島一帯では、女性就業者の3割超を販売・サービス職が占める。こうした販売・サービス職は、早朝や夜間など、事務職等のデスクワークとは異なった時間帯での勤務が求められるため、保育所の通常の保育時間では迎えが間に合わず、延長保育や夜間保育などへの質的ニーズが生じやすい。また、武田・木下編著（2007）によれば、伊豆や道後温泉、別府などの温泉観光地では、母子世帯率が高いことも指摘されており、保育所への量的ニーズと質的ニーズの両方が高い地域であるといえる。

2　都市問題としての「保育所待機児童」

前節では、世帯構造や就業構造の地域差と、それによって生じやすいローカルな保育ニーズについて確認した。もちろん、保育ニーズが顕在化しても、それを担う受け皿や仕組みが機能していれば、「問題」が生

じることは少ない。ここでは、そうした保育ニーズと保育供給のミスマッチ（齟齬）の典型的な事例として「保育所待機児童」の地域性をみていこう。

　保育所需要の拡大にともなって、保育所に入所を希望しながら入所できない「待機児童」の問題が生じている。2009年4月現在において、全国の保育所待機児童数は2万5384人ある。待機児童数は2003年の2万6383人から2007年の1万7926人へと減少していたが、2008年には1万9550人となり増加に転じた。ただし、厚生労働省による待機児童の定義は2003年度に変更され、入所可能な保育所があるにもかかわらず第一希望の保育所に入所するために待機している児童や、自治体独自補助のある認可外保育所や保育ママなどを利用している児童は、待機児童から除外することが可能となった[2]。自治体によって待機児童の数え方にはバラつきがあり、実際の待機児童数は公表値より多い可能性がある[3]。

　また、年齢別の待機児童をみると、3歳未満児が2万796人で81.8%を占め、低年齢児の待機が多い。これは、保育所保育指針において、3歳未満の低年齢児では3歳以上児にくらべ多くの保育士を配置しなければならないことや専用室を設けることが定められており、既存施設での定員拡充が難しいことによる。

　待機児童の発生は、地域的に偏在している。全国の待機児童の8割が東京圏、近畿圏、その他の政令指定市・中核市に集中している。2015年の保育所待機児童数の上位5自治体は、東京都世田谷区（1182人）、千葉県船橋市（625人）、沖縄県那覇市（539人）、大分県大分市（484人）、宮城県仙台市（419人）となり、東京圏（世田谷区・船橋市）や広域中心都市（仙台市）のほか、占領期からの保育システムや財政難により待機児童が恒常的に多い那覇市に加え[4]、県庁所在都市としては大分市がランクインした。図2-5に、待機児童の全国的な分布状況を示した。東京大都市圏や大阪大都市圏の市区町村において高い待機児童率が示されているほか、札幌市や仙台市等の政令指定都市とその周辺や、那覇市等においても待機児童率が高い。都市におけるこうした保育所不足はなぜ生じるのか。公的保育施設の需給には多様な要因が影響しているが、ここでは都

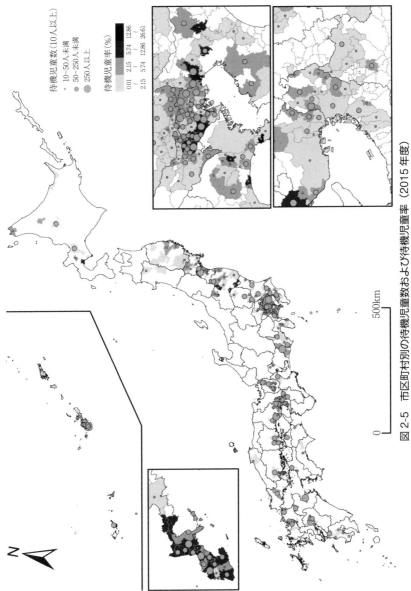

図 2-5 市区町村別の待機児童数および待機児童率（2015 年度）
資料：厚生労働省調査による。

2 章　保育をめぐる地理的諸相

市の保育に関する地理学および隣接分野の既存研究の成果を踏まえながら、都市の待機児童問題の要因を整理したい。

(1) 保育所整備の地域差——女性の働き方とその変化

　大都市圏と地方圏におけるいわゆる女性就業の地域差は、保育所の施設整備に影響を与えた。家庭内性別役割分業と職住分離を前提とした「外で働き賃金を得る夫と家事を取り仕切る主婦」という家族構造は、昭和初期から「住み込みの女中」を雇える一部の新中間層で普及し、戦後高度経済成長期には家庭用電化製品の普及とともに幅広い人口へ浸透した。ただし、既婚女性の主婦化は、賃金水準の地域格差から大都市で顕著に進展した。東京圏や京阪神では主婦化（女性労働力率の低下）が観察されたが、東北や北陸などの地方圏では農業や自営業を中心とする「家族総働き」のなかで既婚女性の労働力率は相対的に高い値で維持された（瀬地山 1996）。

　地方圏において戦後高度経済成長期にも高かった女性就業率は、育児を外部化するシステムを地域コミュニティや親族サポート、自治体独自の対応といった形で自然発生的に成立させた。たとえば、三世代同居率の高い東北や北陸などの地域では、拡大家族による親族サポートが子どもをもつ既婚女性の就業を維持させていることが指摘される（矢澤ほか 2003；岩間 2004 など）。また、地域の基幹産業が女性労働力を多く必要とする場合、良質な労働力確保のために、家族や地域社会による子育てのシステムが構築されることがある（中澤 2007；湯澤 2009）。これに対し、高度経済成長期の大都市圏では地方圏からの急激な人口流入と親族サポートをもたない核家族世帯の増加にともなう保育需要の急増から、保護者による「保育所つくり運動」や福祉拡充に積極的な革新自治体の広がりを背景に保育所整備や先進的な独自事業が展開されたが、公的保育所の供給率は地方圏と比較して高い水準には至らなかった[5]。戦後から高度経済成長期の保育所・幼稚園の整備状況をみると、市町村によって差異があるものの、概ね大都市圏では専業主婦の利用しやすい幼稚園が、地方圏では保育所が、それぞれ優先的に設置される傾向がみられた（松島 2012）。

松島（2015）は、戦後から1970年代にかけて各地域における幼稚園および保育所の普及がどのように推移したかを分析し、各都道府県を「幼稚園型」「幼保均衡型」「保育所後発型」「保育所漸増型」「保育所先行型」に分類した。保育所や幼稚園の整備には、市町村レベルでの保育需要や設置運動なども影響しており、これらの普及経緯は多様であるものの、都市部では特に幼稚園の普及が顕著な傾向があり、その背景には私立幼稚園の多さがあることが指摘されている。たとえば、図2-6に示された大阪府の普及推移をみると、戦後から1970年代半ばにかけて、幼稚園の普及が顕著に進んでいることがみてとれる。他方、同図に示された長野県は「保育所漸増型」（幼稚園は緩やかに、保育所は顕著に増加）に分類され、大阪府との対比が明瞭にあらわれている。長野県において保育所が顕著に普及した背景として、「農業を中心とする産業構造、県や市町村の財政事情」「山岳地帯という地形的条件や冬は雪におおわれる気候条件」（松島2015：163）から、保育所にくらべ規模が大きく短時間の保育を行う幼稚園は普及しづらかったことや、当時の同県における「義務教育中心主義」（未就学児の教育に積極的ではなかったこと）が挙げられている。このほか、「保育所先行型」に分類される高知県でも、第一次産業が中心で家族総働きの世帯が多いという特徴から保育所整備が進められ、後発である幼稚園整備は低調であった（松島2015：165）。ただし、戦前期から幼稚園設置運動がさかんであった徳島県では戦後の早い段階から幼稚園数が保育所数を上回っており、産業構造や家族構造のみならず、各地の政治的側面（運動団体や未就学児への教育に対する首長の考え方）も影響していることがわかる。

　こうした状況が生じた背景には、日本における「幼保の二元体制」がある。未就学児の保育施設は、世帯の就労状況（特に母親の就労状況）によって、認可保育所と幼稚園とに二分される。認可保育所は「保育に欠ける」児童のための福祉施設として親の疾病や就労を入所要件として1日8時間の基本時間と給食施設をもち、0歳から子どもを預かる。他方、幼稚園は文部科学省管轄の教育施設で、1日4時間を基本とし給食施設の設置は義務づけられておらず、対象年齢は3歳以上である（前章図1-6を参照）。そのため、共働き世帯やひとり親世帯の場合、幼稚園は実質的

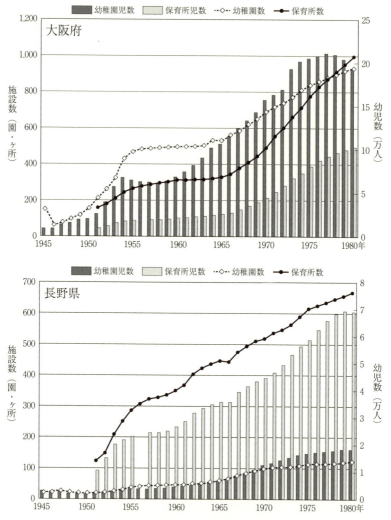

図 2-6　大阪府と長野県における幼稚園および保育園の普及状況（1945〜1980年）
資料：松島（2012：164, 166）より引用。

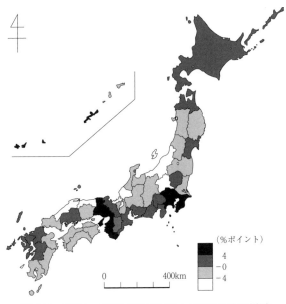

図 2-7　1975～2000 年における女性労働力率の増減
資料：国勢調査より作成。

な選択肢とはなりにくい状況にあった。

　1980 年代になると、国の福祉政策は家族によるケアを重視する「日本型福祉論」「福祉見直し」路線へと転換し、保育施設の増設は全国的に停滞した（前掲、図 1-2）。これには、低成長にともなう財政悪化が福祉供給を「バラマキ」とみなす風潮を強めたこと、第二次ベビーブーム以降の出生数減少により量的需要が少なく見積もられたことも影響している。他方、1970 年代後半以降のサービス経済化と女性の雇用機会拡大によって、雇用労働力における女性比率は上昇した（由井編著 2012）。神谷ほか（2004）が示したとおり、こうした「雇用の女性化」が顕著に生じたのは、それまで女性労働力率が相対的に低く、産業構造の転換のなかでより顕著にサービス業が集積していった大都市圏であった（図 2-7）。

　加えて、地方圏では女性の勤め先として公務関連の職種が多いのに対し、東京圏では民間企業の比率が高い（神谷ほか 2008）。民間企業では公務員と比較して育児支援制度の利用が困難で、低年齢児保育や延長保育

2 章　保育をめぐる地理的諸相

などのニーズを発生させやすい。特に、販売・サービス職のように、勤務時間が不規則・長時間となる職種では、就業時間に合致した保育サービスの需要が高い。認可保育所での延長保育や低年齢児保育の供給は1980年代以降に開始されたが限定的で、これらのサービスが必要な世帯の多くは認可外施設を利用せざるをえなかった。一部の劣悪な認可外施設での死亡事故がマスコミ等で大きく取り上げられたのも、この時期のことである（鈴木編 1981）。

　さらに、大都市における親族サポートの乏しさや、企業規模による子育て支援の導入・利用の格差も、保育需要に影響している。地方圏にくらべ核家族世帯率が高く、親族からの育児サポートを得られない世帯は、世帯外で働く場合、保育所に頼らざるをえない。送迎の親族サポートが得られない場合、必要な保育時間は親の就業時間と通勤時間になるため、延長保育（早朝保育や夕方遅くまでの保育）や立地（通勤経路上に預け先があるかどうか）の重要性はますます大きなものになる。認可保育所の施設基準では3歳未満の低年齢児で保育士配置を厚くすることやほふく室の面積を確保することが求められるため、低年齢児保育の定員枠は拡大されにくい。実際、待機児童全体のうち、約8割を3歳未満児が占めている。

　以上のように、保育所待機児童問題が主に大都市で1990年代以降に顕在化したのは、都市女性の働き方や保育需要の変化に対し、従来の保育システムが対応しきれなくなったことに起因している。

(2) 職住分離の都市空間構造と保育需給の偏在

　大都市の待機児童問題を深刻化させるもう一つの要因として、日本の大都市における職住分離の都市空間構造とそれに規定された生活スタイルが挙げられる。これらは、ミクロな地理的範囲での保育施設の需給バランスを整合することをより一層困難にしている。

　首都圏をはじめとする大都市圏の拡大は、鉄道資本による鉄道敷設や駅周辺の宅地開発とともに進展し、都市に住む人々の生活に大きな影響を与えてきた（松原1988）。公共交通機関の充実が自家用車を持たない人々の通勤・通学、余暇への外出を支えることは、車を持たなければ行動範囲が大きく制約される非大都市圏とは対照的な生活スタイルである。

反面、大都市都心やその周辺部における地価の高さは駐車場など自家用車の維持コストを押し上げるほか、人口密度の高さから渋滞などの不利益を被ることもあり、都市住民の生活スタイルは、鉄道やバスなどの公共交通機関に強く依存している。

こうした生活スタイルは、高度経済成長期以降に形成された都市空間構造に規定されている。高度経済成長期における地方圏から大都市圏への大量の人口流入は、過密による都心部の住環境の悪化や住宅などのインフラ整備が追い付かないといった都市問題を招き、郊外でのニュータウン開発とファミリー層の郊外居住が一般化した。この時期に大都市へ流入した第一次ベビーブーム世代が、就職や結婚といったライフイベントとともに、独身寮や賃貸アパートを経て最終的に「郊外庭付き一戸建て」へ転居していく様子をイラストに描いた「住宅双六」は、当時理想とされたライフコースや住宅取得行動を典型的に示している（藤井2014；中澤 2014）。バブル経済期には東京圏への人口の一極集中が進み、地価高騰にともなって住宅価格も高騰した。一般的な所得水準の人々は都心への通勤に片道1時間以上かかる郊外に住宅を求めるほかない事態も生じた。

この結果、大都市圏では、主に男性が働く場所としての都心と、主に女性が家事や育児などの再生産活動を行う場所としての郊外という、「ジェンダー化された空間」が形成された（影山 2004a）。大都市における既婚女性の問題として、職住分離の都市空間構造における仕事と家庭の両立困難が指摘されてきた（Pred and Palm 1978；荒井ほか 1996 など）。郊外に住む既婚女性の就業機会は 1970 年代後半以降、郊外への工場進出等によりパートタイム就労を中心に増加するものの（谷 2002）、その範囲は家事や育児の責任から男性より狭い傾向があり [6]（川瀬 1997 など）、自宅近辺での就業機会の乏しさや保育サービスの不足にも直面している（杉浦・宮澤 2005）。小さい子どものいるファミリー世帯が一斉に入居する郊外ニュータウンでは、学校や保育所などの計画的な配置が求められるため、保育所の最適配置を求める既存研究もみられた（Kubo 1984）。郊外に住む既婚女性が都心勤務を継続しようとすれば、就業時間に加え都心への通勤時間を加えた時間の保育（延長保育）を提供する施設を利

用する必要があるが、郊外は一般的に都心部の自治体に比べ財政基盤に乏しいことが多く保育所の量的供給が不足しがちなうえに、延長保育や低年齢児保育など質的サービスの選択肢が限定的である（田中 1999；前田 2004）。加えて、保育所への送迎負担を考えれば、施設は自宅と駅との間の通勤経路上にあることが望ましいが、多くの世帯にとって便利な駅前などに立地する施設には入所申し込みが集中し、結果として待機児童が増大してしまう。北欧との国際比較から田中（2009）は、日本における職住分離の都市構造と低密度な保育所分布によってサービス利用時の距離摩擦が大きいことを指摘している。以上のような既存研究は、郊外における女性の生活における時空間的制約と保育サービス不足の深刻さを示唆してきたものといえる。

　1990年代後半になると、大都市郊外は、特定の年齢層に偏った人口構造と長期的な計画の視点に欠けた開発の帰結として、多様な問題を孕む地域として指摘されるようになった。とりわけ、第一次ベビーブーム世代（いわゆる「団塊の世代」）の高齢化にともなう住宅・商業施設の空洞化、福祉需要の増加や交通整備の重要性、自治体財政の悪化は、多くの郊外地域において行政のみに頼らないまちづくりやガバナンスの必要性を認識させている（江崎 2006；宮澤 2006bなど）。また、郊外では開発にともなう子育て世帯の流入で保育需要が一時的・局地的に高まる一方で、子どもの成長にともない需要が急減するため施設配置のミスマッチが生じやすく、自治体財政の悪化は公的保育所整備をさらに困難にしている。このように、大都市郊外では、高齢化や空洞化への対応と同時に、待機児童問題の解決や子育て支援の充実が求められている。こうした郊外の諸課題に対し、女性による起業やNPO活動の役割に関する研究が蓄積されてきている。郊外には、従来指摘されてきた「ジェンダー化された空間」としての問題がある一方で、郊外既婚女性の活発な地域活動への参加（影山 1998）や女性の起業（木村 2008）、NPO等のボランタリー組織の活動（前田 2008）が、地域課題の解決に重要な役割を果たしている。

　このようなボランタリーな主体の役割は、子育て支援の政策展開においても重視され始めている。その背景には、保育ニーズとサービス供給の多様化がある。日本では、戦後の早い段階から公的保育である認可保

育所が整備されてきたが、「保育に欠ける」共働き世帯の子どもを対象とした選別的な特徴をもっており、教育機関である幼稚園とも運営が分離されてきた。しかし、女性の働き方やニーズの多様化、育児ストレスによる児童虐待の問題化によって、低年齢児保育や学童保育、夜間・休日の保育、病児保育のほか、家庭での保育を行う非共働き世帯への支援も求められている。こうした多様なニーズを満たすために、従来の保育供給を担ってきた公的部門のみならず、営利企業やNPO法人といった多様な主体の活用が必要とされている。

　一方、近年、都市空間構造の変化や保育の規制緩和の動きを背景に、ファミリー世帯の居住地選択や利用可能な保育サービスは多様化してきている。たとえば、1990年代後半以降、東京大都市圏の都心部での人口回復が顕著となっており（江崎 2006 など）、主たる都心居住者とみなされてきたシングル世帯やDINKsのみならず、ファミリー世帯の増加がみられる（宮澤・阿部 2005；小泉・西山・久保ほか 2011；富田 2013）。都心居住はこれまで指摘されてきた郊外の「時空間的制約」を軽減し、共働きのファミリー世帯にとって有効な選択肢となりうる（Karsten 2003；2007 など）。通勤時間が長くなりがちな大都市圏では、職場近くへの住み替えは共働き世帯の両立戦略の一つに位置づけられる（松信 1996；北村 2011）。また、郊外にくらべ待機児童や保育料の点で恵まれているとされてきた区部には、保育環境を考慮に入れて居住地を選択するなどの「足による投票」によって子育て世帯が滞留していることも十分に予想される[7]（田中 1999；浅田 2009）。矢部（2015）は、こうした都市空間構造の変化や女性の働き方の変化によって、「子育てする場所としての都心」が生じていることを指摘している。

　他方、大都市圏で認可保育所の不足が常態化する背景には、施設基準を満たす用地確保の難しさもある。前述のとおり、駅前など利便性の高いエリアでの保育需要が高い一方で、地価の高さのため認可基準をクリアするのに十分なスペースを持つ施設ストックは少ない。さらに、働き方の多様化にともなって、保育需要も多様化してきている。こうした背景から、1990年代後半以降、保育の規制緩和が進展してきた。認可保育所の利用は「措置」から「契約」へ変わり運営主体の規制が緩和され

たほか、民間企業等による認可外保育所も増加している。大都市自治体では、認可外保育所へ自治体独自の補助を設けて参入を促進する動きもある。保育所待機児童を多く抱える自治体では、国の面積基準を緩和した自治体独自の認定基準を満たした認可外保育所に運営費の助成等を行うことによって、保育所不足に対応しようとしている。矢寺（2002）は、こうした自治体独自事業として「東京都認証保育所」制度を取り上げ、民間参入がもたらす保育サービス需給構造への影響を実証的に把握しようとした。そこでは、認証保育所が認可保育所定員の少ない地域や利便性の高い鉄道駅周辺に立地することなどが指摘された。

これらに示されるように、保育供給においては量的整備のみならず、都市空間構造や生活スタイルを考慮に入れた整備計画が不可欠である。ただし、都市の（再）開発によって、保育需要の予測は困難をきわめる。現在でも郊外でみられる宅地開発や駅前のマンション建設は、特定地域における同一年齢層の住人の一斉入居によって保育需要の急増をもたらしている。都心部でも、1990年代後半以降の規制緩和により都心再開発地におけるファミリー世帯向けマンションの供給が増加し、局所的かつ急激な保育需要の増加と用地取得の困難さから待機児童問題が顕在化した。若林（2006）によれば、東京都では郊外で高い待機児童率が示されると同時に、東京23区内でもマンション建設によって急激な若年世帯の流入が起き、定員割れを起こす施設と待機児童の多い施設が区内に併存している。東京都心の千代田区では2010年度に9年ぶりの保育所待機児童が生じたほか、湾岸部の江東区でもマンション建設とファミリー世帯の流入により保育需要が局地的に急増した。

以上のように、大都市圏における深刻な待機児童問題は、単なる人口規模や過密（子ども数が多いために保育所の量が不足する）のみが要因なのではなく、都市空間構造とそれに規定された生活スタイルが需給のミスマッチを困難にしている側面が大きいことを軽視すべきではない。さらに、近年の再開発や女性の働き方の変化によって、大都市内部の保育所不足の実態は複雑化してきている。このような状況下で、保育の規制緩和にともなって、さまざまな主体による解決のあり方も、都心や郊外といったそれぞれの地域に応じた展開をみせている。

3　大都市圏内部の待機児童と保育サービス供給の地域差

　さらに、大都市圏内部でも、保育需給の地域差が発生している。大都市圏を中心とした待機児童問題やニーズの多様化を背景に、1990年代後半以降、保育供給の規制緩和が進行しており、他業種からの保育参入も増加している。とりわけ、待機児童の多い大都市圏において、認可外保育所は代替的な選択肢としても重要性を増している。しかし、福祉サービス供給が市場化される場合、供給側と利用側の情報の非対称性から、質に対する不安から利用が抑制されたり料金が高騰するなどの「市場の失敗」が生じることがある（Esping-Andersen 2009 など）。また、保育所は自宅や従業地からの近接性が求められるが、市場原理に任せた結果、分布の偏在や不公正が生じる可能性がある。地域ニーズに比例したサービス配分という「地域的公正」の観点からみれば、待機児童の多いエリアにおいて民間の保育サービスが多く供給されることが適切であると考えられるが、経営上の利益が期待できないエリアには保育所の進出が控えられるためである。そのため、民間の保育サービス供給の役割や課題を検討するうえでは、施設の地理的分布にも注目する必要がある。

　上記の「市場の失敗」を抑制するうえで、「準市場」原理を組み込んだ供給体制の重要性が指摘されている。「準市場」原理による保育供給では、市場が供給した施設に対する利用者の選択を保証しながら、国家や政府が費用の一部負担や料金・質に関する規制の設定を行うことで、支払能力の格差や情報の非対称性による不平等を回避しようとする（圷 2008）。実際、1990年代以降、保育所不足が深刻な大都市圏のいくつかの地方自治体では、認可外保育所への独自補助が制度化されており、施設配置の面でも、公的保育所の立地の隙間を補完するほか、駅前など利便性の高い地点への立地促進の効果が指摘されている（矢寺 2001；若林 2006）。ただし、公的補助のない認可外保育所と「準市場」的施設との地理的分布の相互関係については、いまだ十分に明らかにされているとはいえない。公的施設と民間施設の両方が不足している地域では、「準市場」的施設の役割はより重要なものとなる。

　地方自治体が独自に基準を設け、その基準を満たした認可外保育所の

運営を助成する施設もあり、「東京都認証保育所」（以下、認証保育所）もその一つである。認証保育所は、定員20人以上のA型と定員6〜19人のB型に分けられる。認可保育所にくらべ、小規模な施設でも助成を受けることができる。認証保育所では、保育時間や年齢、立地の規定や優遇措置のほか、保育料も月額7〜8万円という上限が設けられている。このような自治体独自の認定を受けた民間サービスは「準市場」的機能をもち、高価格と情報不足による「市場の失敗」を抑制しうる（Esping-Andersen 2009）。認証保育所も、都の認定や保育料上限の設定により、安心感や情報開示の面でその他の認可外保育所とは異なる位置づけで選択されていることが予想される。

　以上の問題意識から、ここでは、東京都における認可外保育所の立地傾向について、運営主体に着目しながら把握する。分析データとして、東京都による認可外保育施設一覧および認証保育所一覧（2011年度）を使用した。認証保育所は628ヶ所を、認可外保育所は登録されている593ヶ所のうち、病児保育、事業所内託児所、商業施設内託児所等の施設157ヶ所を除く436ヶ所を、それぞれ分析対象とした[8]。

(1) 東京都における認可外保育所の分布

　2011年4月現在における東京都の待機児童数は7855人で増加傾向にある。年齢別にみると、3歳未満児が7118人と全体の9割を占め、特に2009年以降には0歳・1歳が増加している。待機児童は郊外において多い。市区町村別の待機児童数と待機児童率（図2-8）から、三鷹市や調布市、西東京市や町田市といった西郊外の地域で、待機児童が多く発生していることがわかる。都区部においては板橋区や練馬区、世田谷区、大田区といった住宅地が卓越する地域で高い値が示されているほか、城東地区では足立区の待機児童率の高さが目立ち、母子世帯の多さによる保育需要の大きさがうかがえる[9]。また、近年の都心湾岸部再開発によるマンション建設を反映して、港区でも高い値が示されている。

　一方、認可保育所に入所できなかった場合、代替となる民間保育サービスの分布は、認可保育所が不足している地域と必ずしも一致しない。図2-9は、市区町村ごとの未就学人口あたりの民間保育サービスの施設

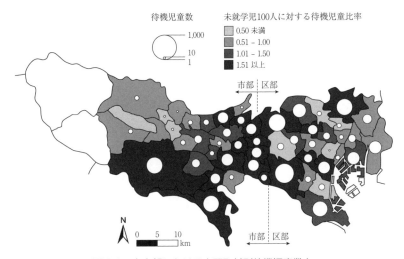

図 2-8　東京都における市区町村別待機児童数と
未就学児 100 人に対する待機児童の比率（2011 年）

資料：久木元・小泉（2013b）：136 より引用。

注：作成元資料は、東京都福祉保健局 2011 年 7 月報道発表資料「保育所等の設置状況等」。

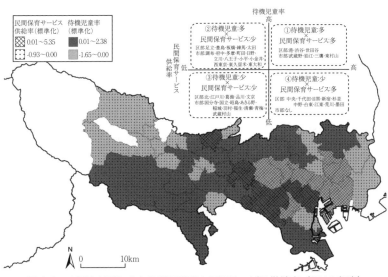

図 2-9　市区町村別にみた待機児童率と民間サービス供給率（2011 年度）

資料：久木元・小泉（2013b）：137 より引用。

注：作成元資料は東京都資料および住民基本台帳。

2 章　保育をめぐる地理的諸相

数および未就学人口あたりの待機児童数を求め、それぞれ標準化した値を用いて両者の対応関係を示した。民間保育サービスの供給率は、斜線を付した市区町村で相対的に高い値を示す。これをみると、民間保育サービス供給率は総じて都区部で高く、郊外で低いことがわかる。ただし、都区部でも城東・城北地区では供給水準が低く、都心三区およびその周辺区から杉並区や世田谷区など西部に伸びる一帯で供給水準が高いという対比がある。

さらに、各市区町村は、待機児童率と民間保育サービス供給率によって四つに分類される。すなわち、①待機児童率が高く民間保育サービス供給率も高い地域、②待機児童率は高いが民間保育サービス供給率は低い地域、③待機児童率が低く民間保育サービス供給率も低い地域、④待機児童率は低いが民間保育サービス供給率の高い地域、である。多摩市や八王子市、町田市等の西郊外の市部や足立区は上記②に含まれ、認可保育所が不足しているだけでなく民間保育サービスの供給率も低い。他方、港区や渋谷区、世田谷区などは上記①に含まれ、待機児童率が高いものの民間保育サービスの利用可能性が相対的に高い。また、上記④のように、千代田区や中央区などの都心部や新宿区や目黒区、江東区といった都心周辺部では待機児童率が低くても民間保育サービスの供給率が高い。これらの民間保育サービスが都区部に多く供給される要因については今後の実証研究が求められるが、事業所の集中によって職場近くでの保育需要が固まって生じることや、都心部や都心周辺部に住む所得階層の比較的高いファミリー世帯からの保育料収入が見込めるために、主に企業的な民間保育サービスの立地を促進していることが推察される。

(2) 運営主体別の分布傾向

続いて、運営主体別の施設分布をみてみる。認証保育所とそれ以外の認可外保育所では、一覧の主体分類が異なるため、それぞれの分布を個別に観察する。まず、認証保育所の運営主体別分布（図2-10）をみると、「株式会社」による施設は都心周辺部から区部西縁にかけてのエリアに集中するほか、市部では駅前を中心に立地している。他方、待機児童が多く認可外保育所の供給が相対的に少ない西郊外や区部縁辺部のエリア

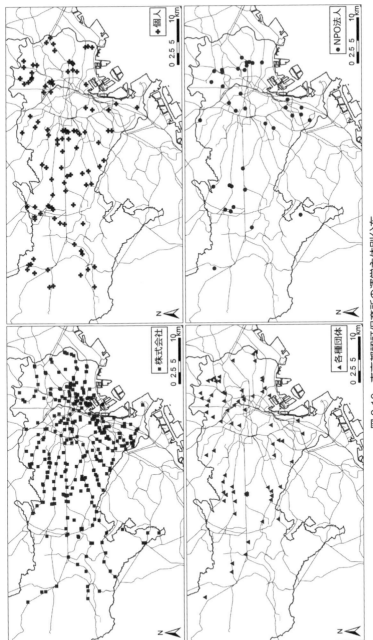

図 2-10 東京都認証保育所の運営主体別分布
資料：久木元・小泉（2013b）：137 より引用。

2章 保育をめぐる地理的諸相

では、「個人」や「NPO法人」「各種団体」（社会福祉法人や有限会社等）による運営施設が多く分布している。特に認証保育所（A型）では、通勤と送迎の利便性を担保するため、駅に近い施設に対する優遇措置がとられた結果、駅前立地が促進されている。

　また、閉園時間別の分布傾向では、認証保育所において深夜（22時以降）まで開いている施設は都心部とその周辺部に集中する傾向があるものの、20時以降の保育は区部で広範囲に行われており、市部でもターミナル駅では20時以降の施設がある。これは、認証保育所の運営基準において「13時間以上の開所」が定められているためである。他方、認可外保育所では、夜間まで開所する保育所が少なく、22時以降の保育は新宿駅や池袋駅といった繁華街の位置する鉄道ターミナル駅に集中していた。このことは、繁華街のサービス業等による需要の集中や優遇措置・規制がない限り、夜間や深夜の保育は展開されにくいことを示している。

　認可外保育所の運営主体別分布でも、「企業」による施設は都心部から区部西部と郊外ターミナル駅や主要駅に集中している。これは、企業では経営上、需要が多く見込めるエリア（駅前や再開発地区）や保育料の支払能力の高いフルタイム就労女性や高所得者が多いエリア（都心部とその周辺部）に立地するためであると考えられる。これに対し、「個人」による施設は都内全域に分散的に立地しており、明瞭な地理的集中傾向が見いだせなかった。個人運営の施設は小規模なものが多く、隣近所の子どもの預かりから保育所へ発展したような生業的運営の施設も少なくない（若林ほか2012）。そのため、ミクロな範囲での需要にこたえる形で施設が立地し、地理的な集中の傾向が相対的に弱いことが推察される。

　さらに、認可外保育所のなかには、国の認可や都の認証はないものの、区独自の保育所運営や補助を受けている施設が少なくない。認可外保育所では、「個人」（155ヶ所）、「企業」（129ヶ所）による運営施設が多くを占めるが、それに続き、自治体運営や自治体補助施設（準市場的施設）が85ヶ所と3番目に多い。これら準市場的施設を、図2-11で黒塗りの凡例で示した。これをみると、準市場的施設は、都心や都心周辺部の区のほか、待機児童が多いにもかかわらず民間保育サービスが不足傾向にあ

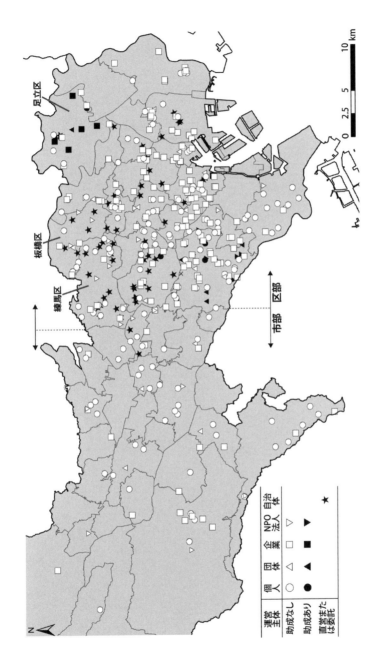

図 2-11 認可外保育所の運営主体別分布と自治体独自補助施設

資料：東京都資料より作成。

2 章 保育をめぐる地理的諸相

る練馬区や板橋区、足立区といった周辺区で観察される。このように、区部縁辺部のエリアでは、準市場的施設が認可外保育所の供給の薄いエリアをカバーしている傾向がある。

　以上のように、認可外保育所の分布傾向の分析から、東京都では、待機児童の多寡に地域差があるだけでなく、認可保育所が利用できない場合に利用可能な民間保育サービスにも供給の地域差が生じていることが明らかとなった。さらに、待機児童の多い地域は保育需要が高く施設保育を望む世帯が多い地域と捉えられるが、相対的に多くの認可外保育施設が供給されているわけではない。むしろ、待機児童の多い郊外や区部縁辺部において、認可外保育所の供給も少ないという地域的不公正が生じている。

　運営主体別にみると、企業的な主体は都心から都心周辺部、郊外では駅ターミナル駅周辺に立地する傾向があった。このことは、これらのエリアにおいて保育の量的需要がまとまりやすく、また都心や都心周辺部に居住する高所得層や共働き世帯の利用が期待できるためであると考えられる。一方、個人等の主体は区部縁辺部や郊外に立地し、企業等の立地が疎らなエリアを補完する傾向がみられる。これに対し、区部の自治体では、独自の基準で認可外保育所を助成する動きが生じている。対照的に、市部（郊外・多摩地域）では、認可外保育所の参入や準市場的施設による補完は少なく、施設型以外の保育サービスや、幼稚園など既存施設での保育拡充、コミュニティ保育などによる補完が求められるといえる。

4　本書の構成

　ここまで、日本における保育所を中心とした子育て支援の変遷と現状を確認したうえで、子育て支援に対するローカルなニーズを生み出す世帯構成や女性の働き方の地域的傾向について確認してきた。

　日本の保育所政策は、戦後の浮浪児対策を出発点として緊急対策的に開始されたが、保育所が位置づけられた児童福祉法は、同時期に制定された日本国憲法の影響を強く受け、戦前は特別な児童の「保護」施設で

あった託児所からすべての児童の権利を保障するための保育所へと、施設の概念規定が刷新された。保育所は、児童福祉法にもとづく保育所保育指針によって保育内容が定められ、他の先進諸国と比較しても高い比率で保育所の整備が進められた。その後、常に供給を上回る需要があったこと、運営の現場での不正が起きたこと等により、「保育に欠ける」という条件は縮小化されたものの、少なくとも「保育に欠ける」児童はすべてその権利を保障するための保育所養育が与えられるという理念のもと、量的な整備が進められた。

しかし、1970年代以降の女性の働き方やライフスタイルの多様化は、戦後から1950年代にその基盤が作られてきた認可保育所を中心とした保育サービスでは担保しきれない保育需要を生み出してきた。特に、サービス経済化とともに女性の雇用労働力化が進んだ大都市圏では、保育需要の量的・質的拡大が顕著であった。それによる代表的な社会問題であるベビーホテルでの死亡事故は、認可保育所の硬直的なサービス内容の是非を問い、保育時間や入所年齢等に関する柔軟なサービスへのニーズの存在を認知させた。さらに、1990年代以降、児童虐待の問題化や少子化対策と関連した子育て支援の拡充の必要性から、就労支援のみならず、共働きではない育児世帯に対するサービス供給の必要性も強まっている。

こうした状況下において、現在の子育て支援政策において、従来の「基準保育」に加え、保育時間や保育年齢の拡大や柔軟なサービス供給と、「保育に欠ける」世帯以外へのサービス対象の拡大が進められている。前者の点では、主に保育時間や年齢層を広げ、より一般的に利用しやすい状態にしていく動きが、後者の点では、これまでの保育サービスが対象としてきた共働き世帯の子どものみならず、専業主婦を含めたすべての子どもを対象にしていく動きがみられる。

これらサービスへのニーズは普遍的に存在しうるが、より先鋭的にニーズが顕在化すると予想される地域がある。たとえば、保育時間の拡大へのニーズは主に母親の働き方や通勤の条件によって規定されうるし、年齢層の拡大へのニーズや「保育に欠ける」世帯以外へのサービスに対するニーズは、地縁や親族によるサポートが得られにくい地域において

先鋭的にあらわれるだろう。また、保育所待機児童問題が発生している大都市圏のなかでも、その内部での保育供給には地域差が生じており、従来より待機児童の多い郊外や区部縁辺部では公的サービスも市場的サービスも不足しがちであること、都心部では再開発と人口の都心回帰によって局地的な保育所不足が顕在化していることが明らかとなった。

　以上を踏まえ、本書は次のように構成される。3章から6章では、主に大都市圏（東京圏および名古屋郊外）を取り上げ、保育供給主体の多様化のなかで新たに導入されてきた取り組みやその課題について分析する。

　3章と4章では、「都心は『子育ての場』となりうるか？」というテーマのもと、実証研究によって都心の保育供給と利用実態について検討する。従来、都市の居住地構造を扱う研究が明らかにしてきたように、大都市圏に住む人々は、結婚や出産とともに広さと価格の条件から郊外で住宅取得を行うことが指摘されてきた。このことが、職住分離の生活空間を規定し、主に男性が働く場所としての都心と、主に女性が家事・育児を行う場所としての郊外という都市空間構造をもたらした。このため、都心は子育て世帯が少なく子ども数が少ないために待機児童が発生しない状況があった。しかし、人口の都心回帰とともに都心の保育環境にも変化が生じている。2000年代以降の規制緩和とファミリー向け住戸を含むマンション供給によって、都心やその周辺にも子育て世帯の滞留や流入がみられるようになった。夫の通勤時間の減少と家事・育児時間の増加によって、都心はフルタイムの共働き世帯が子育てをする場としての機能を併せ持つ場となってきている。

　3章が扱うのは、都心の大企業が導入してきた企業内保育所の事例である。これらの企業内保育所は1990年代以降、待機児童問題への企業としての対応や女性活用の取り組みとして注目された。こうした注目の背景には、「働く場所」としてみなされてきた都心のオフィスに、保育所という「子育ての場」ができたという新しい現象への驚きがあった。事例研究では、こうした企業内保育所の設置背景や実際の利用状況から、その意義や課題を考察する。続く4章では、都心に近い湾岸部の再開発地のタワーマンションに住む子育て世帯を取り上げる。職住近接による通勤時間の短縮を求めて、共働きを継続しようとする子育て世帯のなか

には、都心および都心近くのマンションを居住地に選択する世帯がある。こうした子育て世帯は、一方で、急増した保育需要と周辺の保育所不足のなかで苛烈な保育所獲得競争にさらされている。

　次に、5章と6章では、大都市圏のなかでも、公的サービスも市場的サービスも不足しがちな地域において、行政やボランタリーな主体が果たす役割について検討する。5章が扱うのは、東京都のなかでも待機児童が多く代替となる市場的サービスの参入も少ないエリアである足立区において開始された独自の保育室制度である。また、6章では、名古屋郊外の大規模ニュータウンにおいて既婚女性を中心としたボランタリーな主体が設置した子育て支援施設の、専業主婦や働く母親の双方にとっての役割を示す。

　7章と8章では、「ローカルなニーズ、ローカルなサービス」をテーマとして、特に地域の基幹産業における労働力確保の目的から、先進的な保育サービスが導入された事例をみていく。7章では、販売・サービス職の卓越する温泉観光地を取り上げ、そこでの延長保育サービス・夜間保育サービスについて述べる。続く8章では、臨海工業地帯として全国でも早い段階で無料の学童保育を導入した神奈川県川崎市を取り上げる。これらの事例では、地域の基幹産業における労働力需要を背景とした先進的な取り組みが供給に至りやすい一方で、「ローカルなニーズ」は必ずしも「一枚岩」ではないことを示す。最後に、9章では、本書において得られた知見と今後の展望を議論したい。

注
1) 本分析における同居率（三世代世帯等）は以下のように定義される。『国勢調査』における6歳未満・18歳未満の子どものいる「親族世帯」それぞれのうち、「夫婦・子供と両親から成る世帯」「夫婦、子どもとひとり親から成る世帯」「夫婦、子どもと他の親族（親を含まない）から成る世帯」「夫婦、子供、親と他の親族から成る世帯」の占める割合。
2) 2007年10月現在、認可外保育所等に子どもを預けている東京都在住世帯のうち47.2%が認可保育所への入所希望をもっている。東京都（2009：119）より認可保育所、認定こども園、幼稚園以外の施設・サービスを利用する世帯を抽出して算出。

3) 2013年2月には、預け先がなく退職や育児休業延長となった世帯を待機児童から除外する数え方をとっていた杉並区で、認可保育所に入れない保護者の行政不服請求やデモが行われた。
4) 沖縄県では、第二次世界大戦後のアメリカ統治の影響を受け、小学校入学前の1年間（5歳児）を親の就労状況にかかわらず幼稚園に入所させる慣習が広がった。また、全国的な認可保育所の普及に大きな影響を与えた児童福祉法の適用が遅れたことに加え、沖縄の慢性的な経済不況と財政難によって認可保育所の増設が進まなかったことから、恒常的に多くの待機児童が発生してきた。そのため、沖縄では認可保育所や幼稚園、学童保育などの境界を越えた利用が自然発生的に生じており、沖縄以外の地域とは異なる保育のシステムがみられる。なお、一般的に地域の保育所待機児童率と出生率は負の相関を示すことが知られているが、沖縄は待機児童率が高いにもかかわらず出生率が高いという特徴を示す地域でもある。この背景には、男子に家督相続をさせるため男子が生まれるまで出産抑制がおこりにくい文化があることや、認可保育所の代替となる認可外保育所が他地域に比べ安価に利用できることなどが挙げられる（「沖縄子ども白書」編集委員会編 2010；Kukimoto, M. et. al. 2012；若林ほか 2012；由井ほか 2016 など）。
5) 東京都の認可保育所増加率は、革新自治体として知られる美濃部都政開始以前にくらべ上昇したものの、地方圏に比較すれば低い水準にとどまっており、美濃部都政後期においては、目標値を達成できない状況となっていた。また、延長保育等の自治体独自事業が先進的に取り組まれた一方で、対象が狭く普遍的に実施されたとは言い難い状況であった（近江・天野 1999）。
6) 海外を含めた女性労働力の研究動向の整理は吉田（1993；1996）に詳しい。
7) なお、「足による投票」の対象となるのは保育を含む自治体サービス全般である。また、加藤（2011）が指摘するように、都心には自治体サービス以外にもサービス消費機会が集中しており、民間の保育サービスや家事代替サービス等が豊富であることが働く女性にとって魅力となっていることも挙げられる。
8) 母子世帯率の地域差については、由井（2003）、武田・木下編著（2007）を参照。
9) 原資料では、東京都認証保育所とそれ以外の認可外保育所で分けられており、本書でもそれにしたがい、「認証保育所」と「(それ以外の) 認可外保育所」とを区別して分析している。また、本節では認証保育所と認可外保育所の両者をあわせたものを「民間保育サービス」とする。

3章

都心は「子育ての場」となりうるか？❶

――都心大企業による企業内保育所の意義と限界

1 都心の企業内保育所への注目

　1990年代以降、大都市圏で深刻化した待機児童問題に対し、自社社員を主な対象とした企業内保育所を設置する大企業が注目された。大正時代からの歴史をもつ企業内保育所（事業所内保育所）は、従来は繊維工場や病院、飲料販売業など女性労働者が多数を占める職場を中心として、安価な女性労働力確保を目的として設置されたものであった。それに対し近年では、大手企業での導入が進められており、なかでも大都市における企業内保育所は、満員電車で子連れ通勤する保護者の写真などとともに報道され、社会的にも耳目をひいた[1]。

　出産によるキャリアの中断や女性の退職を防ぎ、女性活用を促進するために、特に女性労働力が即戦力となる業種や職種において企業内保育所を導入する取り組みは以前から注目されてきた（高橋・村井2001；中村2003など）。的場（2005a；2005b）は、全国の企業内保育所とその利用者へのアンケート調査から、その供給や利用実態を明らかにしている。それによれば、企業内保育所は経営者トップの判断から人材の確保・定着を目的として設置されていること、3歳未満児を多く受け入れており開所時間も長い施設があること、企業側にとっては事業所内保育施設の設置・運営コストの負担も大きいことなどが指摘されている。

　特に、都心の企業内保育所は、いざというとき子どもと一緒にいられる安心感や、職場からの移動時間が短く自宅近くの保育所の場合にくらべ遅くまで職場にいられる点で期待される一方で、満員電車での通勤の困難さから、送迎の肉体的・精神的負担や安全性の面でその現実性が疑問視されてきた。たとえば神谷（1996：130）は、企業内保育所を「日本の大都市の場合にはさほど現実的ではない。なぜなら、混雑した電車やバスに乳幼児を乗せて通勤することは困難だし、精神的・肉体的疲労も大きいからである」と指摘している。他方、中村（2003）によれば、都心の企業内保育所利用時に生じる子連れ通勤の肉体的・心理的負担は、フレックスタイム制度などの導入によって軽減されうることが指摘されている。

　このように、特に大都市郊外で深刻な待機児童問題を背景として、大

都市都心の企業内保育所は女性活用の点からも期待されてきた。一方で、公共交通機関による長時間通勤が一般化した都市空間構造のなかで、郊外に住む子育て世帯にとって有効な選択肢となりうるのかが疑問視されていた。ただし、利用者の送迎行動を視野に入れた詳細な実態調査は少なく、企業内保育所の利用に至る経緯や子育て支援制度の利用を含めた子連れ通勤に焦点をあてた実態調査が必要であろう。本章では、都心の企業内保育所の供給の背景と利用実態から、それらの果たす役割について考察したい。以下では、まず、企業内保育所の概要を整理し、次に、企業側の設置理由および利用者の利用理由について、各主体へのアンケート調査・聞き取り調査から明らかにする。さらに、保育所を利用する際の通勤の条件と、現状における課題を利用者への聞き取り調査から分析し、最後に東京都心における企業内保育所の役割と課題について考察する。方法としては、主に利用者へのアンケート調査と聞き取り調査を用い、特に聞き取り調査では、複雑になりがちな送迎経路や保育所入所への経緯、時差通勤を可能とする子育て支援制度の使いやすさを明らかにすることを目的とした。

2　日本における企業内保育所の概況

　本章で扱う企業内保育所は、認可外保育所の一つである。企業内保育所とは、企業等が事業所のなかに設置している保育所をいい、ほかにも企業内託児所、事業所内保育施設とも呼ばれる。日本における企業内保育所の歴史は、1880年代に始まる。この頃、繊維工業をはじめとした軽工業の発展を背景に、紡績業を中心に女子労働力確保を目的とした企業内保育所が設置された。その後、重工業の発展にともなう男子労働力の重視、機械化の進行などにより、1930年代頃から企業内保育所は減少した。戦後の高度経済成長期には、機械組立工場等でのパートタイム労働力確保の目的で、企業内保育所が再び設置されるようになった（橋本 1992）。

　現在ではこうした工場労働力のための保育所のほか、飲料販売員や看護師などの確保を目的とした企業内保育所が中心であり、2014年3月

現在では、4593 ヶ所の企業内保育所があり、そのうち 61.2%（2811 ヶ所）を病院内の看護師を主な対象とする院内保育所が占める[2]。財団法人こども未来財団調査研究部（2003）の調査では、2003 年 1 月時点での全国の企業内保育所のうち「医療」が最多で 7 割を占めていたため、10 年間で院内保育所以外の企業内保育所の割合が若干上昇したことがわかる。また、財団法人こども未来財団調査研究部（2003）の同じ調査では、「医療」に続き「販売」が全体の約 16%を占めており、これはヤクルトなどの飲料販売の労働力を対象としたものが中心である。さらに、事業所従業員数の平均は 289.9 人であり、従業員数 300 人未満の中小企業が全体の過半数を占める。

これに対し、1990 年代以降、出生率低下や待機児童問題、男女共同参画の推進を背景として、大手企業による企業内保育所の設置も相次いだ。特に大都市都心部に立地する中央官庁や化粧品メーカー等の企業が企業内保育所を導入した例が報道され、社会的な関心を集めてきた。

大手企業による企業内保育所は、病院内や工場内などで提供される従来型の企業内保育所とは異なる特徴をもつ。表 3-1 は、利用者の就労形態、設置の主な狙い、立地条件から、企業内保育所を類型化したものである。上述したように、数の上で多くを占めるのは、病院内、ヤクルト等の飲料販売店、製造工場などの企業内保育所である。院内保育所設置は、夜勤などのシフト制を前提とした看護師労働力をサポートする目的で設置される。一方、ヤクルト、製造工場などの企業内保育所は、主婦などの女性パートタイマーが主な対象として想定されており、安価な労働力を確保し柔軟な雇用を可能にするために設置される。それに対し、都心の大手企業による企業内保育所は、残業を含むフルタイム就労の正規職を主な利用対象と想定しており、設置の主な狙いは、ホワイトカラー人材の確保である。

次に、それぞれの立地に注目してみると、従来型のなかでも飲料販売店、製造工場などの企業内保育所では、パートタイマーである利用者は徒歩や自転車などで通勤できるような比較的近距離に住んでいることが多い。さらにシフト制やパートタイムを前提にする場合、利用者の通勤時間帯は多様であり、ラッシュアワーをはずした通勤時間であることも

表 3-1　事業所内保育所の類型

		例	就労形態	設置の主な狙い
従来型		院内保育所	看護師	看護師労働力の確保
		飲料販売店・製造工場	女性パートタイマー	安価・柔軟雇用可能な労働力の確保
大企業型	都心	中央官庁・化粧品メーカー等オフィス	残業含むフルタイム就業・正社員	ホワイトカラー人材確保・企業PR
	地方・郊外	自動車メーカー・出版社等オフィス		

資料：筆者作成。

少なくない。一方、大企業型ではホワイトカラー・正規労働者を対象とするため、利用者の勤務時間は固定的で通勤がラッシュアワーと重なり、特に大都市都心部に勤務する利用者は鉄道での長時間通勤に直面しがちである。もちろん、地方都市でもラッシュアワーの渋滞・混雑はあるものの、マイカーの利用が一般的で通勤時間も相対的に短いために、子連れ通勤の負担は大都市圏より軽い傾向がある。

　以上のように、都心の大企業による企業内保育所は、従来型や非大都市圏の企業内保育所とは異なる特徴と問題を孕んでいるといえる。本章では、都心の大企業による企業内保育所を「大企業・大都市都心型」企業内保育所と定義し、その可能性と課題を考察することを通じて、日本の大都市における都市空間構造と保育の問題を考える手がかりとしたい。

3　「大企業・大都市都心型」企業内保育所の利用理由

　ここでは、まず企業内保育所設置の経緯と目的、サービス内容について明らかにし、企業にとっての企業内保育所の意味合いを明らかにする。そのうえで、利用者側の利用理由をみていく。

(1) 調査対象施設の概要

　本研究では、表3-2に示す1省3社を対象とした。これらは1990年代以降、企業内保育所を導入した大手企業のなかでも大都市都心部に立地するものであり、分析対象として適切であると考えられる。なお、大

表 3-2　対象企業・保育所およびアンケート調査の概要

	A 省	B 社	C 社	D 社
事業内容	省庁	運輸・物流	化粧品	金融
資本金（円）	-	881 億	645 億	4,512 億
従業員数（人） （対象事業所）	2,200 （約 2,000）	25,541 （719）	24,635 （1,750）	5,120 （-）
創業年		1885	1872	1952
保育所所在地	千代田区	千代田区	港区	千代田区
設置年	2001	2002	2003	2003
設置の経緯	少子化対策、男女共同参画実現の先駆的試みとして	社内の提案キャンペーンで入賞した企業内保育所案に会長が賛同	オフィス移転、経営側の判断	少子化問題等を背景とした経営側の判断
設置の目的	社会貢献	企業イメージ向上、人材確保、社会貢献	子育てサポートによる人材確保、企業イメージ向上、社会啓発等	人材確保,企業イメージ向上、次世代育成法案対策
利用対象	省外開放	自社のみ	自社のみ （グループ・契約企業可）	自社のみ
定員（人）	20	15	21	15
利用者数（人）	19	2	11	12
保育時間	8 時～22 時	8 時～20 時	8 時～20 時	8 時～21 時
保育料 （月・千円）	45～49	40～74	50	無料
育児休業期間	子が満 3 歳に達するまで	最長 1 年 6 ヶ月	子が満 3 歳に達するまで	最長 2 年
設置コスト （万円）	非公開	約 5,000	約 4,000	非公開
運営コスト （年間・万円）	非公開	約 1,300	約 2,000	非公開
助成	利用なし	設置時約 1,600 万	利用金額非公開	利用なし
アンケートの実施	2003 年 7 月	2004 年 7 月		2004 年 7 月
配布数	19	3	-	12
回収数 回収率	8 42%	3 100%		12 100%

注：保育時間は、延長時間を含む。
　　D 社の対象事業所従業員数のデータは得られなかった。
　　B 社へのアンケート配布数には、元利用者 1 人を含む。
　　A 省は 2003 年 7 月現在、B～D 社は 2004 年 5 月現在のデータである。
資料：各社 HP・資料および聞き取り調査より作成。

都市都心部に立地する大企業の企業内保育所は、本研究で対象としたものを含め数社のみであり、今回扱った1省3社は、調査時点での「大企業・大都市都心型」に分類される施設のほぼすべてであることを付記しておく。

　まず、対象施設の設置の目的と経緯についてみていく。設置の目的では、少子化を背景とした「社会貢献」（A省・B社）や「社会啓発」（C社）のほかに、「企業イメージの向上」（B社・D社）、「人材確保」（B社・C社・D社）、「次世代育成法案対策」（D社）[3]などが挙げられており、企業内保育所を戦略的な理由から設置しようとする意図が見受けられる。また、設置の経緯では、「会長が賛同」（B社）や「経営側の判断」（C社・D社）などのように、ほぼトップダウンで設置が決定したケースが多いことがわかる。これは、前述の的場（2005b）の指摘とも符合する。

　保育時間をみると、フルタイム勤務で残業が生じるような仕事に就く者でも利用可能な設定がなされていることがわかる。また利用料では、原則無料のD社を除き、一般的な認可外保育所と同程度の設定となっている。さらに、対象保育所はすべて社屋内の数室を保育室として利用しているため、一般的な認可保育所にくらべ規模が小さい。前述のように、認可保育所の場合は小規模保育所でも30人以上60人未満と規定されているのに対し、対象保育所の定員数は15～21人と少人数である。なお、各社とも労働基準法に定められる産後休業期間後1年半から2年程度の育児休業期間を設けている。

　実際の設置や運営のコストについては以下のようになる。設置コストでは約4000～5000万円程度の金額が投入された。これらのコストは多くの場合、各企業の負担となるが、B社・C社のように助成によってコスト負担を低減させている企業もある。調査時点において、企業内保育所は所定の要件を満たせば、厚生労働省の外郭団体である21世紀職業財団から「事業所内託児施設助成金」の給付を受けることができた。助成の対象となるのは設置費、運営費、増築費、保育遊具購入費で、設置・増築への助成はかかった費用の半額を上限として給付され、運営費は定員数・保育時間によって助成額が決まる。ただし運営費の助成対象期間は最長5年間である。

ただし、単独の企業に限った場合、保育所を必要とする社員の絶対数は限られる。子連れ通勤の負担も大きく、特に都心の企業保育所においては、利用者数が増加・安定しにくいといった問題が生じる。利用者数が過少であると保育士数が安定せず保育士が頻繁にかわるなどの保育サービスの質の低下につながるほか、助成を受けられなくなる可能性もある。表3-2に示すように、A省やD社では定員に近い人数の利用者があるが[4]、C社では定員21人に対して11人、B社では定員15人に対して2人と、定員を下回る利用者数である。こうした利用者数の停滞・不安定性に対し、これらの企業は社外開放や企業間連携によって利用者数を安定させようとしている。

　しかし、対象企業への聞き取り調査によれば、社外開放を行うことは、一般企業ではほぼ不可能である。一般的に企業内保育所のコストは福利厚生費でまかなわれるため、社外開放はコスト負担の不公正を招くこととなる。さらに、税務上の問題もある。通常、福利厚生施設の運営費用は損金扱いとなり課税されないため、企業内保育所が当該企業社員のための福利厚生施設と認められる場合、企業は運営費用のみを負担すればよい。しかし、社外開放した場合、その保育所は福利厚生施設として認められない可能性があり、費用は経費として扱われず、企業は運営費用のみならず法人税まで支払わなければならないことになる。さらに、助成要件には「原則として、その雇用する労働者」（日本経済団体連合会 2003）という文言が含まれているため、社外開放した場合、助成を受けられなくなる可能性がある[5]。社外開放ではなく、法人契約と応分の負担による共同運営（企業間連携）を行う場合にも以下の問題がある。B社担当者によれば、保育所の設置場所や事故時の責任の所在について、資本関係のない外部企業との合意を形成するのは難しい。さらに、調査時点において、グループ企業以外での共同運営に対しての助成は行われていなかった[6]。

　以上から、利用者数の停滞や不安定性に、社外開放・企業間連携によって対応することは、現実的に難しい状況があった。

(2) 企業内保育所の利用理由

次に、利用者へのアンケート調査および聞き取り調査の結果から、企業内保育所の利用理由について分析する。調査は、調査時点における利用者に加え、B社企業内保育所を2003年4月から利用を中止した元利用者（b1）も対象とした。利用時点の違いという問題はあるものの、B社において2003年から2004年にかけて制度上の大きな変更はなく、また特に利用者の心理的な側面に注目する本研究では、利用を中止したb1の事例を対象とすることは重要であると考えられる。アンケート調査の概要を表3-2に、調査結果は表3-3および表3-5に示した。

①保育所の確保

入所理由で目立つのは、「ほかに預ける場所がない」という回答であり、11人中7人が選択している。さらにA省は22時までという長い保育時間の効果で、「保育時間」を入所理由に挙げる利用者が多く、A省回答者8人中6人が選択している。「ほかに預ける場所がない」という選択肢には、「地域の認可保育所が満員で入所できない」「入所できる保育所はあるが、立地や保育時間から実際には利用が難しい」という意味が含まれうると考えられる。入所の経緯に関する利用者への聞き取り調査結果でも（表3-4）、「地域の認可保育所に入所できない」（b3）、「入所できる認可保育所はあるものの送迎に不便である」（a1・b1・b2）などの理由が挙げられている。

以上から、利用者にとってのメリットの一つには、自宅近くの認可保育所のハード面・ソフト面での不足を補い、職場復帰を可能にする選択肢を確保できる、という点を挙げることができるだろう[7]。

②安心感

次に多く回答されている項目では、「近くにいるので（病気などのときに）安心」がある（11人中6人）[8]。さらに聞き取り調査では、子どもが発熱したなど急病の際に駆けつけられる安心感のほかに、子どもとの接触時間が長くなることの安心感も挙げられた。すなわち、職場と自宅が離れている場合、自宅近くの保育所に預けると「一日のなかで子どもと

表3-3 企業内保育所の利用理由と欠点

ID	利用理由や利点	欠　点
a1	・近くにいるので安心 ・ほかに預ける場所がない ・インターネットで子どもの様子をみられる	・通勤が大変
a2	・近くにいるので安心 ・ほかに預ける場所がない ・保育時間	・通勤が大変
a3	・近くにいるので安心 ・ほかに預ける場所がない ・送迎便利 ・保育時間	-
a4	・保育時間 ・ほかに預ける場所がない	・通勤が大変
a5	・保育時間	・通勤が大変
a6	・送迎便利 ・保育時間	-
a7	・近くにいるので安心 ・保育士や保護者の身元が明確 ・送迎便利	-
a8	・保育時間	・通勤が大変
b1	・近くにいるので安心 ・ほかに預ける場所がない ・責任の所在がはっきりしている	・通勤が大変 ・人数が少ない
b2	・ほかに預ける場所がない ・送迎便利	・人数が少ない
b3	・近くにいるので安心 ・ほかに預ける場所がない ・保育士の意識	・通勤が大変

注：「近くにいるので安心」には「長時間一緒にいられる」「いざという時駆けつけられる」などを含む。「-」は無回答。
資料：アンケート調査・聞き取り調査より作成。

表3-4 企業内保育所入所の経緯

ID	
a1	第一希望の認可保育所に入所不可→入所できる認可保育所は通勤経路上になく不便、保育士の対応にも不満→地域の無認可保育所見学も、周辺環境や広さに不満→企業内保育所に決定
b1	第一希望の認可保育所に入所不可→入所できる認可保育所は通勤経路上になく不便→地域の無認可保育所見学も、施設・周辺環境に不満→企業内保育所に決定
b2	地域の認可保育所は通勤経路上になく不便→送迎便利な企業内保育所に決定
b3	認可保育所に入所不可（1ヶ月間の待機）→認可保育所が空くまで企業内保育所に決定

資料：聞き取り調査より作成。

表 3-5 企業内保育所の利用状況

ID	職種	居住地	子の年齢	週の利用日数	保育時間	送迎者 送	送迎者 迎	交通機関	通勤時間(分)
a1	自営業	品川区	2	4	10:00～17:30	母	母	車	35
a2	団体職員	江東区	2	5	9:00～18:00	母	母	電車	65
a3	公務員	千代田区	2	5	9:20～20:30	母	父	タクシー	20
a4	会社員	文京区	2	5	10:00～20:30	母	父母	電車	15
a5	-	台東区	-	5	9:00～20:30	母	母	車	30
a6	会社員	千葉県	1	5	9:00～19:00	父	母	電車	80
a7	会社員	港区	4	5	9:30～18:30	母	母	車	35
a8	大学教員	渋谷区	1	5	11:00～19:00	父	父母	電車	50～105
b1	会社員	東久留米市	3	5	9:00～18:00	母	母	電車	90
b2	会社員	千代田区	1	5	9:00～16:00	父母	母	電車	20
b3	会社員	葛飾区	2	5	9:30～17:30	母	母	電車	30
d1	会社員	-	-	3	8:30～14:00	母	母	徒歩	10
d2	その他	-	-	1	9:00～17:30	父	母	タクシー	15
d3	会社員	-	-	2	不明～17:30	父	母	電車	50
d4	会社員	-	-	3	8:15～18:15	父	父	タクシー	30
d5	会社員	-	-	5	8:00～17:30	母	母	朝:タクシー 夕:電車	50
d6	教員	-	-	5	8:00～17:00	父	母または祖父母	車	30
d7	会社員	-	-	5	パターン無	父	父	電車	40
d8	教員	-	-	3	8:30～14:30	父	母	車	20
d9	会社員	-	-	2	8:30～13:30	母	BS	徒歩	15
d10	会社員	-	-	2	8:00～18:00	父	父	車またはバイク	30
d11	会社員	-	-	5	8:30～16:35	BS	BS	電車	15
d12	会社員	-	-	-	8:00～18:30	父	父	車	20

注：IDのaはA省の、bはB社の、dはD社の利用者を意味する。BSはベビーシッターを意味する。D社利用者の居住地および子の年齢に関するデータは得られなかった。d2はバイオリン教師である。
資料：アンケート調査および聞き取り調査より作成。

接触する時間は限られたものになりがち」(b3) であるが、企業内保育所を利用すれば、「通勤時間は子どもとの時間として使うことができ」(b3)、また「昼休みに子どもの様子を見に行くこともできる」(b1) というのである。

　また、表3-4 からは、「認可外保育所の施設・周辺環境に不満」という理由から企業内保育所が選択されることもわかる。この「施設・周辺環境」とは、利用者への聞き取り調査によれば、「1階が居酒屋のビルの上階だった」「駅前で危険だと思った」(a1)、「狭い部屋に大人数を押し込めて、散歩も線路沿いの空き地だった」(b3) などのことである。もちろん都心の企業内保育所も、交通量の多い環境であることには違いないが、それでも保護者を安心させるのは、「何かあったときの責任の所在がはっきりしているように思える」(a1) という信頼感である。認可保育所に入所できず、かといって何かあった場合に責任主体のはっきりしない認可外保育所に預けることもためらわれる場合、企業内保育所は「近くにいるからすぐに駆けつけられる」という実際的な安心感に加え、「(自分が勤めている、または大手の) 企業による保育所である」という安心感をも担保する役割を果たしているのである。

4　企業内保育所の利用実態

　次に、これらの企業内保育所の利用実態を、通勤行動に注目してみていきたい (表3-5)。公共交通機関の混雑は、朝の通勤時と夜の帰宅時の両方で発生するが、一般的に朝8時から9時にかけての時間帯がより混雑する傾向にある[9]。したがってここでは、特に朝の通勤行動に注目して分析を進める。さらに、利用者への聞き取り調査から、企業内保育所の現状における問題点について考察する。

(1) 子連れ通勤の実態と調整
①職場と自宅の近接性
　まず、アンケート調査結果から利用実態を概観する。D社以外では、週5日利用が大半を占めており、利用時間をみてもフルタイム共稼ぎと

推察される世帯が利用者の中心である。一方、D社では、週5日利用は少数派で、これは習い事やパートタイム就業を行う妻の利用があるためである。通勤時間では、全体としてD社、B社、A省の順で短い傾向にあり、この順番で居住地が近いことがみてとれる。送迎者では、送りは勤務者が行うのは共通しているが、利用時間が相対的に短いD社では、迎えは祖父母やベビーシッターが行っている状況が散見される。A省においては、仕事から先に戻れるほうが迎えに行くというように、状況に応じて送迎者を調整している例が多い。一方B社では、ほとんどが母による迎えである。

次に職場と自宅の距離に注目すると、通勤時間30分以内の利用者が23人中13人と過半数を占め、職場と自宅が近い利用者が多い。交通機関については、D社では混雑により送迎負担が増大しがちな電車などの公共交通機関ではなく、徒歩やタクシー、自家用車による通勤が多く、A省でも半数が自家用車利用である。また、公共交通機関利用の場合でも、a4・b2・d11などのように、通勤時間が短いために負担が軽くなっているケースもみられる。

事例番号b2（子年齢1歳）は、自宅から職場まで地下鉄一本で通勤でき、所要時間も20分程度である。b2は職場復帰にあたり自宅近くの認可保育所を調べてみたが、どの保育所も通勤途上になく送迎が不便であることがわかった。社内の保育所を思い出し見学したところ、施設や保育士の対応も気に入ったが、入所を決めた最大の理由は「地の利」であったという。家族は朝8時半に自宅を出発し、9時前に職場に到着する。ラッシュ時間帯ではあるものの、移動時間が短いこと、利用するルートの混雑が激しくないことなどから、負担感は軽い。

②時差通勤

他方、職場と自宅が遠く、公共交通機関で通勤する利用者は、時差通勤によって子連れ通勤の負担を軽減させている。

表3-5をみると、D社では全体的に利用開始時間を早めにすることで通勤ラッシュを回避している状況がうかがえる。たとえばd5は、利用開始時間が8時で通勤時間が50分であるから、移動時間帯は7時台で

ある。同様に、d6、d10 などでも、早めの出社で通勤ラッシュが回避されている。また、D社以外では、遅めの出社で通勤ラッシュを回避している。たとえばa1 は、利用開始時間が10時で通勤時間が35分であるから、移動時間帯は9時台である。同様のラッシュ回避行動は、a3、a4、a8 や b3 などでもみられる。

　出社時間を早めにシフトする場合には勤務時間に差し支えることはないが、遅めにシフトするためには、通勤時間が柔軟な職種に就いている場合や、フレックスタイム制度・短時間勤務制度[10]が利用できる場合など、何らかの条件や調整が必要となる。

　b3（子年齢2歳）は、認可保育所への入所待ちの一ヶ月間、B社の企業内保育所を利用していた。自宅は東京都内の市部で、そこから職場には片道1時間以上の通勤時間が必要となるため、企業内保育所利用の間は実家がある葛飾区から、子とともに通勤していた（後述）。葛飾区の実家から職場までの所要時間は30分程度で、フレックスタイム制度を利用して9時半からの出社とし、8時台を回避することで子連れ通勤が可能となった。

(2) 子連れ通勤の精神的負担

　一方、表3-3でみるように、企業内保育所のデメリットも挙げられている。以下では、利用者への聞き取り調査から、企業内保育所の課題について整理する。なお、利用上のデメリットには心理的な部分によるものが多く含まれているため、必要に応じて利用者の語りを引用する。

　まず、デメリットとして多く挙げられているのは「通勤が大変」という点である。前述のように、子連れ通勤の負担は、時差通勤を可能にする各種制度の利用や利用者個人の工夫などによって軽減可能ではあるものの、それを可能にするためには多大な労力が費やされている。

　b1（子年齢3歳）は、企業内保育所へ入所したものの、当初利用していた路線では朝の混雑が激しく、子連れ通勤は不可能で、別路線沿線へ転居した。またb3 は、当時の自宅からは職場まで電車で1時間半かかることから、通勤時間30分となる葛飾区の実家へ転居し、企業内保育所を利用することで就業継続を可能にした。

これらの利用者へのインタビューでは、企業内保育所への評価は総じて高かった。それでも、b3は認可保育所への入所が可能になると、企業内保育所の利用を中止した。b1は調査時点においてなお、認可保育所への入所を申請中であった。つまり、企業内保育所の保育内容には満足しながらも、やはり自宅近くの認可保育所を選択するのである。その理由の一つとして挙げられたのが、子連れ通勤の精神的な負担である。

　　b3：肉体的な負担というより、いつぐずられるかすごく緊張感があって、そういう精神的な負担のほうが大きかったかもしれないですね。
　　b1：電車のなかで「（ベビーカーが）邪魔！」っていわれたこともあります。肉体的にきついっていうのはもちろんそうですけど、そういう周りの冷たさが辛いと思いますね。

　このように、都心の企業内保育所を利用する場合に生じる子連れ通勤の負担は、転居をともなうほどに重大である場合もある。そして特に公共交通機関の場合、肉体的な負担のみならず、周囲への気遣い等の精神的負担は重く、認可保育所が選択できるようになった場合、自宅近くの認可保育所が選択されるのである[11]。
　さらに、時差通勤を可能にするフレックスタイム制度や時短勤務などの各種制度は、導入されていても、職種によって現実には利用が不可能である場合もある。
　秘書の仕事に就くb1は、東久留米市の自宅から職場まで、バスと電車を乗り継いで約1時間半の通勤時間をかけている。9時の始業に間にあわせるために移動は8時台に重なり、負担感は大きい。
　b3の事例で述べたように、b1にも、フレックスタイム制度の利用は可能である。実際、b1も当初は育児時間制度を利用し9時より遅く出勤していた。しかし、子が1歳になり育児時間勤務制度の対象外となった後は、短時間勤務制度やフレックスタイム制度などを利用することなく、9時の通常始業時間にあわせて出勤している。その理由を、b1は次のように語る。

会社の組織のなかでやっていくには、子どもをもっていることを「権利」と思わないで、自分から周囲に歩み寄っていくことも必要だと思っていて、だから9時出勤にできるだけ近い形にして、夕方も18時までは席にいるようにしてるんですね。……（間）……周囲の理解はあると思いますけど、人の入れ替わりも激しいし、皆が皆よく思っているかどうかはわからないです。

　こうしたb1の発言から、制度が整備されていても利用しづらい状況があることが推察できる。フレックスタイム制度を利用することで何らかの具体的な問題が生じたのだとすれば、その問題自体が理由として挙げられるはずであるが、b1の語りのなかにそうした明確な問題は示されなかった。制度を利用しながら仕事をしていくことの「やりづらさ」、特に周囲との兼ね合いという点で困難があったことがうかがえるのである。

　このような「やりづらさ」の一因には、b1の職種があると考えられる。秘書の仕事は突発的な仕事に対処できるよう、ある一定時間帯に継続して職場にいることを求められる。そのため、勤務時間をずらすような制度の利用は、秘書の仕事に大きな影響を与え、結果的に周囲との摩擦が大きくなる可能性があるのである。

　このb1の事例は、通勤時間をずらすことのできる制度が整備されていても、職種上現実的でない場合があること、すなわち子連れ通勤の負担軽減手段としてのフレックスタイム制度や短縮勤務制度などの各種制度の限界があることを示唆するものである。

(3) 利用者数の停滞にともなう問題

　さらに、デメリットとして挙げられたもう一つの点は「利用者が少ない」ということである。利用者数の停滞は設置企業に問題視されているが、利用者にとってもデメリットとして働く。もちろん、採算性の問題をクリアできれば、児童数が少ないこと自体が問題とはいいきれない。保育者とのスキンシップが重要視される3歳未満児には、少人数で保育士の目が行き届いている状態はむしろメリットとなる。しかし3歳以上

児は、同年齢の子どもとの接触を通じ社会性を身につけていく段階と認識される[12]。実際、B社の利用者からは、「協調性とか規律とか社会性を学べない」(b2)、「3歳以降はもう少し人数がほしい」(b1)のように、利用者数の少なさがデメリットとして挙げられた。少なくとも3歳以上児をもつ親にとっては、利用者数の停滞が保育所としての魅力を低下させる理由となりうるのである。

しかし、前章で述べたとおり、利用者数の停滞・不安定性を回避するための社外開放や企業間連携は、税務上の問題や助成要件の面から困難であり、こうした制度上の問題が企業内保育所の魅力を低下させ、さらなる少人数化を招いている可能性がある。

5　都心の企業内保育所がもつ意義と課題

本章では、1990年代以降あらわれてきた「大企業・大都市都心型」企業内保育所に注目し、その利用の実態と意義について分析してきた。まず、設置企業にとっての企業内保育所とは、社員からの強い要望で実現されてきたというよりは、少子化や男女共同参画の動きを背景とした社会貢献のほか、企業イメージの向上、人材確保など、企業の戦略的な意味合いによっても設置されてきたと考えられる。その場合の「人材」とは、フルタイム・ホワイトカラーの人材であり、それを証明するように、保育時間は残業をも視野に入れたものである。しかし、単独企業ではニーズが限られ利用者数が停滞するという問題に直面した場合、社外開放や企業間連携による対応は、公平性や税務、助成要件、企業間の合意形成の面で困難な状況である。

一方、利用者にとって、自宅近くの認可保育所への入所ができない状況、空きがあっても立地やサービス内容から利用が難しい状況、認可外保育所の設備や周辺環境への不安感から入所がためらわれる状況に対して、企業内保育所は、保育所の確保や安心感を担保する選択肢として評価されている。また、利用者のなかには、職場と自宅が近い者や、自家用車通勤を行う者もあり、子連れ通勤の負担をさほど強く感じていないであろう者もいることが明らかになった。さらに、長時間の子連れ通勤

を行わなければならない利用者も、フレックスタイム制度などの時差通勤を可能にする各種制度の利用によってその負担を軽減させ、利用を可能にしていた。

　他方、フレックスタイム制度など時差通勤を可能にする諸制度は、導入されていても職種によって実際に利用が困難な場合がある。ある一定時間職場にいることが重視されることの多い、いわゆる一般職では、総合職にくらべフレックスタイム制度を利用することで生じる影響が大きい。こうした場合、仕事上明確な問題が発生しなくとも、周囲との大なり小なりの摩擦による精神的ストレスが制度利用を困難にする。そうなれば、フレックスタイム制度利用を諦めて、ラッシュのピーク時に通勤せざるをえなくなり、子連れ通勤の負担は増大する。さらに、子連れ通勤の負担を軽減するための調整は容易ではなく転居をともなう場合さえある。仮に軽減された場合でも、特に精神的な負担感は残る。そして子連れ通勤の負担は利用者数の増加・安定を阻害する一因ともなるために、子どもの数が少なく社会性習得の場としての保育所の機能に不足をきたす例もみられた。

　したがって、企業内保育所が有効性をもちうるのは、認可保育所を中心とした現行の保育サービスの問題点を補う、補助的な役割としてである。より具体的には、都市部において特に深刻な待機児童の受け皿としての機能である。企業内保育所が認可保育所の補助的な存在にすぎないとはいえ、いまだ待機児童問題が解決されない現状を鑑みれば、選択肢としての企業内保育所は無意味だとはいえない。省外開放を行うＡ省では定員以上の希望者数があることからも、子連れ通勤の負担というデメリットよりも、企業内保育所のメリットを重視する潜在的なニーズが都心にあることは確かであろう。

　しかしながら、本研究で得られた分析結果では、利用者数のうち過半数が通勤時間30分以内の利用者であることから、「大企業・大都市都心型」企業内保育所は、主に都心または都心近郊の居住者に利用されていることが示された。こうした職場と自宅が近い利用者は、彼らが大手企業の総合職かそれに準ずるような人々であることからも、そもそも都心に自宅をもつことのできる所得階層の高い世帯であると推察され、「大

企業・大都市都心型」企業内保育所は現状ではこうした高所得層に利用が偏っている可能性がある。これを社内・社外を含めたより幅広い世帯が利用できるようにするためには、フレックスタイム制度などの整備に加え、職場近くでの居住を可能にするような、社宅整備や住宅手当の充実等の対策が必要であろう。さらに、都心の潜在的な保育ニーズを満たすとともに、保育所利用者の停滞を防ぐためにも、企業間連携を容易にする助成制度・税法の見直しが望まれる。

　本章の事例調査が行われたのは 2004 年から 2005 年にかけての期間だが、その後も企業内保育所をめぐる状況には変化がみられる。的場 (2012) では、2010 年に実施された民間企業 5000 社に対するアンケート調査から、企業内保育所の実施や拡充のための課題が示されている。それによれば、2005 年以降、次世代育成支援推進法において行動計画策定が必要な一般事業主の対象が拡大されたこともあり企業内保育所は増加傾向にあること、その一方で、費用負担や利用者確保などが設置の壁となっており、複数事業者での共同設置の場合に適用可能な助成金を充実させる必要があることが指摘されている。都心における企業内保育所の社外開放・共同運営について、助成要件や税法上の見直しが必要であることはすでに指摘したとおりだが、的場 (2012) では、共同設置・運営の参考となる事例や運営方法に関する企業間での情報共有が必要であることも指摘されている。今後、企業内保育所の社外開放や企業間連携が進めば、都心における企業内保育所の位置づけは大きく変わってくることが予想され、認可化による影響を含めたさらなる事例研究の蓄積が求められる。

注
1) 崔麻砂「保育　事業所内保育所の使い心地」『AERA』16 (46)：43-44、2003.11.3 など。
2) 厚生労働省報道発表資料「平成 26 年度　認可外保育施設の現況取りまとめ」による。厚生労働省ウェブサイト http://www.mhlw.go.jp/stf/houdou/0000112878.html
3) 2003 年に公布された「次世代育成支援対策推進法」では、地方公共団体や 301 人

以上の労働者を雇用する事業主に対し、次世代育成のための行動計画の策定・届出が義務づけられた。
4) この要因として、A省では省外に利用を開放していること、D社では保育料が無料であることが挙げられる。
5) ただしC社のように、企業関連携による保育所運営の場合でも助成が受けられる場合もあり、その対応は一様ではなかった。
6) 21世紀職業財団への聞き取り調査による。その後、東京都の助成事業では複数企業での共同設置・運営でも運営費の助成が可能となり、2015年度以降には国の制度変更により企業内保育所も認可保育所として運営することが可能となった。
7) また、表3-5の子どもの年齢では、認可保育所の待機児童数が多い3歳未満児の利用が多いことからも、認可保育所の代替として企業内保育所が機能していることが推察される。
8) 調査時点において、対象保育所における病児保育は原則として行われていない。
9) 『平成四年版 運輸白書』によれば、従業者全体の約7割が8時台に出社している。
10) 育児休業法では、1歳から小学校就学の始期に達するまでの子を養育する労働者について、短時間勤務の制度、フレックスタイム制、始業・就業時間の繰上げ・繰下げ、所定外労働をさせない制度、託児施設の設置運営その他これに準ずる便宜の供与のいずれかの措置を講ずるように努めることが事業主に求められている。
11) さらに本研究で子ども数を調査したA省とB社の利用者はすべて一人っ子世帯である。この原因解明には利用者以外の社員を含めた調査が望まれるが、ここで挙げたような通勤の負担から、2人以上の子どもをもつ親にとって企業内保育所は現実的な選択肢でないことを示す可能性もある。
12) 厚生省「保育所保育指針」（児発第799号）などを参照。

4章

都心は「子育ての場」となりうるか？❷

――湾岸部タワーマンション居住者の「保活」

1　都心湾岸部「豊洲」の再開発と保育

　大都市圏における保育所待機児童問題に対し、待機児童の少ないエリアに転居したり、入所の可能性を上げるために民間保育サービスを利用するといった、「保活（ほかつ）」と呼ばれる保護者の行動が、マスコミ等で取り沙汰されている[1]。特に、2000年代以降の規制緩和・再開発とマンション建設によりファミリー世帯の流入がみられた都心部や都心湾岸部では、保育需要が急増し、厳しい保育所獲得競争が生じている。近年における都心部での人口回復や保育の規制緩和の現状に鑑みれば、大都市圏の子育て支援の課題を検討するためにも、都心居住のファミリー世帯における多様な保育サービスの利用実態を把握する必要がある。

　そこで、本章では、東京都心湾岸部におけるホワイトカラー共働き世帯の保育サービス選択を明らかにする。再開発によって短期間に保育需要が急増した都心湾岸部は、女性が正社員として就業継続を希望した場合に職住近接を実現しやすい地域であり、後述のように民間の保育サービス供給も豊富で、民間サービスを含めた保育選択を分析することが可能である。

（1）対象地域と方法

　本章では、江東区豊洲1〜5丁目（以下、豊洲地区）を対象地域として（図4-1）、そこに居住する共働き子育て世帯の就業・育児の実態を明らかにする。豊洲に代表される江東区湾岸部では、倉庫や造船所の跡地に大規模なマンション建設が進み、特に豊洲2〜3丁目では大規模な再開発とアフォーダブルな（手の届く価格の）住宅の分譲、交通網の整備による利便性の向上等を背景に、ファミリー世帯の流入が増加した（加世田・坪本・若林 2004；小泉・西山・久保ほか 2011）。また、その周辺地域にあたる豊洲1・4・5丁目でも、1990年代後半以降マンション供給が生じている[2]。

　研究方法は、保育所利用者へのアンケート調査とインタビュー調査による。アンケートは、豊洲地区1〜5丁目で2010年10月現在において運営されていた13ヶ所の保育所[3]のうち、協力を得られた7ヶ所[4]で実施した。総配布数は659票で、有効回答数203票（有効回答率30.8％）

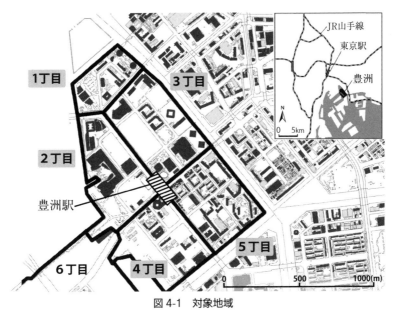

図 4-1　対象地域

注：細線（破線を含む）は道路縁。濃灰色は堅牢建築物、薄灰色は普通建築物（基盤地図情報による分類）。
資料：久木元・小泉（2013a：62）より引用。

が得られた。このうち、回答者の居住地が豊洲1〜5丁目である170票を抽出して分析対象とした。アンケートの配布・回収は各保育所を通じて行われ、保育所利用者の基本属性、就業状況や子育て支援制度の利用状況、待機期間の有無や待機時の対応、親族サポートの有無について質問した。さらに、就業や保育に関する詳細な実態を明らかにするため、2011年2月から3月にかけて、アンケート調査で募集し協力を得られた12世帯に聞き取り調査を実施した。各インタビューは協力者の自宅や喫茶店、オフィス等で1〜3時間程度行った。なお、以下の本文中で特に断りがない場合、引用した発話は聞き取り調査にもとづく。

　本章の構成は以下のとおりである。次項で対象地域における保育供給の現状を確認したうえで、2節では、保育所利用者へのアンケート調査から基本属性や就業状況を確認し、待機期間における保育利用の現状を把握する。続く3節では、子育て世帯への聞き取り調査の結果から、対象地域への入居の背景と保育サービス選択の実態を明らかにする。

(2) 対象地域の保育サービスと運営主体の特徴

　江東区では、2011年4月現在の待機児童数が273人と都内市区町村で8番目に多い。湾岸部の再開発にともない子ども数が増加しており、なかでも豊洲地区の0～5歳人口は2006年の1104人から11年の2561人と、5年間で2倍以上に急増した[5]。これに対し江東区では、2005年から09年までに12ヶ所の認可保育所と29ヶ所の認証保育所が増設され、認可保育所の定員数は5305人から6499人に増加した（江東区2010a）。これ以外にも、認証保育所の増設や受入定員の拡大、延長保育、0歳児保育の拡充が進められたが、需要の急増には追い付かなかった。対象地域（豊洲地区）には、2011年現在、認可保育所6ヶ所、認可外保育所8ヶ所があるが（表4-1）、認可保育所ではすべての施設で待機児童が発生し、認証保育所では6ヶ所中3ヶ所で受入不能または定員超過であった。

　各施設の保育時間や料金では、認可保育所より認証保育所の保育時間が長い。また、保育料は、1歳・第一子の場合、認証保育所の保育料が認可保育所の最も高い階層の保育料を下回る施設は1ヶ所のみである。なお、世帯の所得階層は前年の所得税課税額によって振り分けられる。たとえば、生活保護世帯では保育料が無料となり、所得税課税世帯21段階のうち、最も低い階層（世帯年収約300万円未満）で月額7900円、最も高い階層（同約1300～1500万円以上）で月額6万7200円、中間の階層（同約800万円）で月額3万6200円となる。ただし、江東区では、区内外の認証保育所等を利用する世帯に、所得階層に応じて1～4万円の保育料補助が行われており、それを利用すれば、特に所得階層の高い世帯では、認可保育所の保育料より安い料金で認証保育所を利用することも可能である。なお、認証保育所以外の認可外保育所の利用世帯は保育料補助を受けることができない。

　豊洲地区は工場跡地であったため保育所が少なく、2004年時点の当地区における認可保育所は1ヶ所にすぎなかったが、保育需要の急増により地域外の多様な主体が豊洲地区での保育所運営に参入している。ここでは、豊洲地区における保育所の運営主体と参入の経緯や課題について、協力の得られた10施設への聞き取り調査から確認する（表4-2）。

　認可保育所は、すべてが社会福祉法人によって運営されているが、近

表 4-1 対象地域における保育所サービス（2011 年）

類　型		保育時間・施設数	保育料（千円・月額）
認可保育所		7:00 〜 18:00（延長 20:00）　2 ヶ所 7:15 〜 18:15（延長 20:15）　2 ヶ所 7:30 〜 18:30（延長 20:30）　2 ヶ所	所得階層（26 段階）より決定 第一子：0 〜 67.2 第二子：0 〜 40.3 延長料：0 〜 6.7
認可外保育所	認証	7:00 〜 22:00　1 ヶ所 7:30 〜 21:00　2 ヶ所 7:30 〜 22:00　3 ヶ所	入園金：25 〜 30 保育料：63 〜 74
	認証以外	8:00 〜 19:00　1 ヶ所 7:00 〜 22:00　1 ヶ所*	−

注：「−」は不明を示す。「*」はマンション内住民を対象。「認証」は認証保育所の略。認証保育所の保育料は、1 歳児・1 日 11 時間利用・週 5 日利用の場合。認可保育所の保育料は、3 歳未満児の場合。
資料：各施設入園案内および江東区（2010b）より作成。

表 4-2 対象地域における保育所の運営主体

類型	ID	本部	運営主体	保育参入の経緯	豊洲への立地理由
認可	1・2	大阪市	社福法人	母体宗教法人の地域貢献活動	東京での事業拡大／行政からの依頼
	3	板橋区	社福法人	母体ベビーシッター会社が認可保育所を設立	−
	4	町田市	社福法人	−	豊富なニーズ／保育関係者からの情報／社会貢献
	5	横浜市	社福法人	近隣に預け先がなく起業	豊富なニーズ／社会貢献
認証	6・7	福岡県久留米市	有限会社	学習塾・配食サービス業から拡大	豊富なニーズ
	8	名古屋市	株式会社	ワゴンサービス業から転換	豊富なニーズ
	9	台東区	株式会社	介護・ベビーシッター業から拡大	−
	10	さいたま市	株式会社	近隣に預け先がなく起業	豊富なニーズ

注：「−」は不明を示す。「認可」は認可保育所、「認証」は認証保育所、「社福法人」は社会福祉法人をそれぞれ示す。ID4 は公設民営、その他の認可保育所はすべて私立保育所。
資料：聞き取り調査より作成。

隣の都区部（板橋区）のみならず、町田市や横浜市といった東京圏郊外や、大阪市など東京圏外からの参入がみられる。また、認証保育所では、有限会社による運営が 2 ヶ所、株式会社による運営が 3 ヶ所で、認可保育所と同様に、郊外（さいたま市）や東京圏外（福岡県久留米市、名古屋市）からの参入がある。保育への参入経緯は多様で、教育産業（ID6・7）や介護サービス業（ID9）からの拡大がみられるほか、ID8 のようにもとも

とはワゴンサービス業を手がけていた企業が、女性従業員向けの託児室を運営した経験から保育に転換した例もある。また、郊外の待機児童問題の深刻さを反映して「近隣に預け先がなく自ら起業」(ID5、10)した主体もあった。

これら都区部以外からの運営主体が豊洲に進出した理由は、「東京での事業拡大の拠点」や「豊富なニーズ」であった。他方、認証保育所の運営においては、「低年齢児保育のコスト」や「賃料負担」などの課題がある。ID6・7によれば、「待機児童の多い低年齢児の需要が高いが低年齢児保育は保育士の人件費がかさむ上に、3歳以上児は空きの出た認可保育所へ転園してしまい経営が難しい」という。さらに、ID9は「(当施設は)駅前の好立地だが、賃料・光熱費を含むと月額約100万円がかかる。賃料の負担が大きいため、今後豊洲での新規展開は難しい」と述べ、ID10は「利便性の高い駅前は賃料が高い。駅から遠くなるとマンション住民の年齢が上がるために保育ニーズが急減する」ことを挙げた。

以上のように、豊洲地区では高層マンションの建設とファミリー世帯の急増にともなう豊富なニーズとビジネスチャンスを見越した民間主体による保育所の設置・運営が展開されている。特に、認証保育所は保育料収入が運営の基盤となるため、十分な利用者ニーズが見込める地域での施設展開が必須となる。

2 ホワイトカラー共働き世帯の就業と保育利用

(1) 基本属性と就業状況

ここでは、認可保育所および認証保育所を利用する母親へのアンケートから、対象地域の保育所利用者の世帯属性と保育所待機や子育て支援の制度利用の実態を把握する。

アンケート回答世帯の基本属性は以下のとおりである。夫婦の平均年齢は夫38.2歳、妻36.2歳で、核家族世帯が170世帯中161世帯を占め[6]、夫、妻、子ども1人から成る世帯が93世帯と最も多い。アンケート調査の対象となった保育所に預けている子の平均年齢は2.8歳で[7]、

表 4-3　夫婦の両親の居住地（人）

夫 \ 妻	東京圏内 江東区	東京圏内 その他都区部	東京圏内 その他東京圏	東京圏外	不明不在	計
東京圏内 江東区	1	0	1	3	0	5
東京圏内 その他都区部	6	4	3	7	0	20
東京圏内 その他東京圏	5	7	25	21	1	59
東京圏外	8	12	22	35	0	77
不明・不在	1	1	4	2	1	9
計	21	24	55	68	2	170

注：東京圏は東京都、埼玉県、千葉県、神奈川県を指す。
資料：アンケート調査より作成。

3歳未満の子をもつ世帯が77世帯、3歳以上の子をもつ世帯が93世帯であった。また、入居年では2005年以降の新規入居者が154世帯と9割以上を占める。自身の親の所在地が東京圏の夫は84人 (50.3%)、妻は100人 (58.8%) であった (表4-3)。親と別居している30歳代の既婚女性（全国）の7割以上が別居親と1時間以内の近居であることと比較すると (国立社会保障・人口問題研究所 2006)、本調査の回答世帯は、親世代との物理的距離が遠く、親からの日常的な育児サポートを利用しづらい集団とみることができる。

　回答者の職業や所得階層は、同じ地区においてマンション居住者の属性調査を行った小泉・西山・久保ほか (2011) の結果と同様である。雇用形態は会社常雇と公務員が夫87.3%、妻81.8%、職種では管理・専門・事務がそれぞれ74.7%、82.4%を占める。従業員規模500人以上の大企業に勤務する比率は夫60.8%、妻54.7%で、世帯年収では1000〜1499万円の階層が78世帯 (45.9%) を占め、その次に1500万円以上36世帯 (21.2%)、700〜999万円34世帯 (20.2%)、700万円未満13世帯 (7.7%) と続き、子どもをもつ世帯の所得分布に比較して所得階層の高いグループである[8]。さらに、夫婦の従業地は山手線沿線に多く分布しており、都心三区および江東区内に勤務する夫は58.4%、妻は65.3%である。このように、回答世帯の多くは高収入で、夫婦ともに比較的大規模な企業の正規職で、職住近接を実現している[9]。

(2) 働き方と育児分担にみるジェンダー差

ただし、ワーキングスタイルや育児負担には、明確な性別役割分業がみられる。夫婦の残業頻度を尋ねたところ、夫166サンプルのうち、週1回以上の残業があると回答したのは144世帯（86.7%）で、全体の56.0%にあたる93世帯が週3回以上の残業をしている。それとは対照的に、妻170サンプルのうち週1回以上の残業があると回答したのは83世帯（48.8%）で、週3回以上の残業は全体の13.5%にすぎない。また、残業時の帰宅時間では、妻の65.5%が20時以前であるのに対し、夫の帰宅時間は21時以降が71.9%であった[10]。帰宅時間の遅さから、夫が平日夜の家事や育児を行うことは困難である。保育所への送迎は、「妻」とした世帯が67.1%と最も多く、「夫婦で交代」とした世帯は25.9%にとどまっていた[11]。

勤務先の子育て支援制度の利用状況にもジェンダー差がある。回答世帯において、育児休業の取得率は夫3.0%、妻71.0%、短時間勤務制度の利用率は夫0.0%、妻45.0%と、差が大きい。加えて、従業員規模別に各種制度の整備状況を比較すると（表4-4）、いずれの制度についても企業規模の大きいほうが整備率が高い。また、短時間勤務制度の利用率をみると、従業員規模500人未満の企業では5割弱の利用率であるのに対し、500人以上の企業では6割超の利用があった。こうした子育て支援制度の利用率が、ジェンダー差や企業規模によって異なっている実態

表4-4　妻の勤務先従業員規模別にみた子育て支援制度の整備率と利用率（%）

従業員規模 （回答数・票）	短時間勤務		企業内 託児所整備	育児経費 補助整備	在宅勤務 整備
	整備	うち利用			
1～29人（17）	35.3	50.0	0.0	5.9	0.0
30～99人（15）	80.0	50.0	0.0	0.0	0.0
100～499人（24）	79.2	47.4	4.2	12.5	4.2
500～999人（19）	94.7	66.7	5.3	15.8	10.5
1000人以上（74）	89.2	60.6	6.8	29.7	14.9
公務員（9）	77.8	57.1	11.1	0.0	11.1
計（158）	81.0	57.8	5.1	18.4	9.5

注：無回答を除く。企業内託児所、育児経費補助、在宅勤務の利用率は低率のため割愛。
資料：アンケート調査より作成。

は、国立社会保障・人口問題研究所 (2012) の全国調査結果と符合する。

(3) 保育所待機状況と待機期間の対応

次に、アンケート調査から、回答者の保育所待機状況と待機期間の対応を確認する。回答世帯170のうち、138世帯は認可保育所を、32世帯は認証保育所を利用している。アンケートでは、現在利用している保育所に入所する際に待機期間があったかについて尋ねた。ここでの待機期間とは、第一希望の認可保育所への入所を希望した時点から実際に入所した時点までの期間を指す[12]。待機期間があったと答えたのは、認可保育所利用者のうち84世帯 (60.9%)、認証保育所利用者のうち13世帯 (40.6%) あり、特に入所希望時点で子の年齢が3歳未満であった世帯が多い (97世帯中93世帯)。また、現在利用している保育所が「第一希望の施設ではない」と答えた世帯は、認可保育所で24世帯 (17.4%)、認証保育所で23世帯 (71.9%) あった。

認可保育所利用者の待機期間の平均は9.9ヶ月だが、妻が職場復帰を遅らせる (3世帯、3.6%)、親族が一時的に託児を請け負う (5世帯、6.0%) といった対応は少なかった。待機期間中に認可外保育所を利用した世帯が80世帯と多く、認可保育所での回答全体の58.4%、待機経験世帯の95.2%を占める。なお、そのうち認証保育所の利用は43世帯 (53.8%)、認証保育所以外の認可外保育所が40世帯 (50.0%) であった[13]。保育所入所前の施設利用について東京都全域を対象に調査した東京都社会福祉協議会 (2011) によれば、認可保育所入所前に何らかの保育施設を利用したのは回答全体の41.6%で、そのうち認証保育所の利用は36.1%、認証保育所以外の認可外保育所等は25.4%であった。これと比較すると、本調査の回答では認可保育所入所前に施設利用をした比率が高く、特に認証保育所以外の認可外保育所の利用が多いといえる。また、認可外保育所を利用した80世帯のうち、33世帯 (41.3%) が豊洲地区外に立地する施設を利用しており、自宅周辺のみならず職場近くや通勤経路上にある地区外施設の利用も少なくないことがうかがえる。

3 豊洲への入居理由と「保活」

(1) なぜ豊洲に入居したのか

　子育て世帯にとって、居住地と勤務地の距離は共働きの継続可能性に大きく影響する。その点、豊洲は都心に近く長時間通勤を回避できるため、職住近接を実現するために豊洲へ入居した世帯が少なからず存在することが予想される。ここでは、インタビュー調査から、共働き世帯における豊洲への入居理由を示す。インタビュー対象者12人の基本属性は、表4-5のとおりである。世帯収入では11世帯が年収1000万円以上で、夫婦の職業は金融、情報、専門サービス、外資系企業勤務などが目立つ。妻の出産前の年収は600万円以上が8世帯と相対的に高い。厚生労働省「平成21年賃金構造基本統計調査」より算出した東京都の30〜34歳女性の年間平均給与額（賞与等を含む）は、約436万円である。また、就業継続の状況では、出産後の女性は「出産退職・再就職型」の就業行動をとる場合が多い。国立社会保障・人口問題研究所（2011）によると、2005〜09年に結婚した夫婦のうち、第1子出産の前後での退職者43.9%、就業継続者26.8%に対し、2010年時点で末子年齢3〜5歳の世帯のうち、32.3%の妻がパート・派遣職員として働いている。これに対し、本調査の対象者では「就業継続型」が10世帯を占めており、比較的高い収入を確保した共働き世帯の回答であることに留意する必要がある。

　表4-6に、前住地ならびに豊洲地区への入居理由と親族サポートについて整理した。まず前住地をみると、都区部からの移動が多く、なかでも江東区内は4世帯と近隣からの移動が目立つ。千葉県市川市（ID3）、調布市（ID10）といった郊外からの「回帰」や横浜市（ID2）からの転入もみられるものの、全体としては、都区部内での移動を意味する「滞留」が多い。次に、豊洲への入居理由では、12世帯中7世帯が夫婦の通勤利便性を重視して豊洲へ入居している。共働き世帯の育児では特に妻方親族のサポート資源が重要な役割を果たすことが指摘されるが（国立社会保障・人口問題研究所 2012；星 2007 など）、回答世帯のなかで、夫婦の親の居住地を理由に挙げたものは少数派であった。妻方両親の居住地で

表 4-5 聞き取り調査対象世帯の基本属性

ID	年収		妻就業継続	職業		家族年齢（歳）[夫,妻][子]	住居形態
	世帯	妻（万円）		夫	妻		
1	A	1,300→1,100	継続	金融専門	金融専門	[35,33][4]	賃貸
2	B	900→600	継続	情報事務	情報事務	[37,34][2,0]	賃貸
3	C	850→650	継続	専サ専門	金融専門	[32,33][2]	分譲
4	C	800→600	継続	専サ専門	製外専門	[32,32][0]	分譲
5	C	700→600	継続	金融専門	製外専門	[36,31][3,0]	分譲
6	C	600	継続	不明事務	情報専門	[35,31][4,0]	分譲
7	C	600→400	継続	情報専門	情報専門	[34,31][4,0]	分譲
8	B	300	継続	金融事務	金融事務	[45,33][7,2]	分譲
9	C	300	継続	教育事務	教育事務（臨時）	[36,33][1]	分譲
10	C	300	継続	専サ専門	教育事務	[34,33][6,1]	分譲
11	C	600→300	再就職	専サ事務	製外専門（契約）	[40,45][3]	分譲
12	D	300	再就職	不明事務	不明事務（契約）	[36,35][7,2]	分譲

注：世帯年収は、A：2,000万円以上、B：1,500万円以上1,999万円未満、C：1,000万円以上1,499万円未満、D：1,000万円未満。妻年収の「→」は出産前後の変化を示す。妻就業継続は、結婚または出産で就業を継続したか退職・再就職したかを示す。職業は、上段が業種、下段が職種で、「情報」は情報通信、「専サ」は専門サービス、「製外」は製造外資を示す。括弧書きが付されたもの以外はすべて正規雇用、「製外」以外はすべて国内企業。家族年齢は同居家族のみ。住居形態はすべて集合住宅。
資料：聞き取り調査より作成。

表4-6 現住地への入居理由と親族サポート

ID	現住地への入居理由	勤務地 夫	勤務地 妻	前住地	両親居住地 夫	両親居住地 妻	親族サポート	頻度 夫方	頻度 妻方
1	・通勤の利便性 ・企業内保育所への近さ ・夫婦の実家の中間地点	港区	千代田区	世田谷区	千葉市	横浜市	家事 （週2回）	無	◎
2	・通勤の利便性	中央区	中央区	横浜市	大阪府	福島県	なし	無	無
3	・通勤の利便性 ・認証保育所の空きが出たこと ・教育環境	港区	千代田区	千葉県市川市	茨城県龍ケ崎市	埼玉県深谷市	病気時2～3回	無	○
4	・買い物の利便性 ・広い道幅・バリアフリー	中央区	渋谷区	江東区	兵庫県	福島県	緊急時のみ	無	○
5	・「子育てしやすい町」のイメージ ・通勤の利便性 ・小学校の学力水準	千代田区	港区	品川区	新潟県	横浜市	病気や出張時に1週間程度の託児	○	○
6	・マンション内保育所 ・通勤の利便性	横浜市	江東区	目黒区	－	川崎市	認可外送迎 家事（週2～3回）	無	◎
7	・通勤の利便性	中央区	港区	江東区	埼玉県鴻巣市	熊本県	育児補助 （年2回）	無	○
8	・妻の実家に近いこと	千代田区	江東区	江東区	広島県	江東区	日常の送迎 家事	無	◎
9	・通勤の利便性 ・通勤負担の軽減	千代田区	文京区	豊島区	神奈川県海老名市	埼玉県宮代町	なし	無	無
10	・夫の通勤の利便性 ・タワーマンションへの憧れ	港区	相模原市	調布市	茨城県利根町	茨城県守谷市	なし	無	無
11	・将来性	横浜市	千代田区	※	北海道	足立区	緊急時のみ	無	○
12	・夫婦の実家に近いこと	大田区	江東区	江東区	北区	墨田区	パート時の託児	－	◎

注：両親居住地は入居時点のもの。「－」は不明を示す。◎および○は親族からの育児サポートの有無を示し、◎は週2回以上の頻度を、○は週2回未満の頻度を示す。「※」は結婚時に入居したことを示す。
資料：聞き取り調査より作成。

は一都三県が 8 世帯を占めるものの、「夫婦の両親の中間地点」(ID1)、「妻の両親宅に近いこと」(ID8)、「夫婦の両親宅に近いこと」(ID12) を答えたのは 3 世帯である。特に、入居理由に「通勤の利便性」を挙げた世帯では、横浜市 (ID1、5) や川崎市 (ID6)、埼玉県深谷市 (ID3) や埼玉県宮代町 (ID9) など、都心への通勤に片道 1 時間以上を要する地域に親が居住している。これらの世帯が親世代からの育児サポートを日常的に受けられるような範囲に居住すれば、通勤時間をより長く割かなければならないため、サポート資源と通勤時間はトレードオフの関係になる。ただし、相対的に妻の年収が低い世帯や再就職型の世帯 (ID8〜12) の場合、「夫の通勤の利便性」(ID10) や「(マンションの資産価値や周辺地価等の) 将来性」(ID11) といった別の要素が重視される傾向がある。

親世代との物理的距離から日常的な家事や育児へのサポートは限定的であるものの、緊急時の対処として、親族サポートは重要な役割を果たしている。12 世帯中 9 世帯において妻方親族からのサポートがあるものの、週 2 回以上の家事や送迎の手伝いといった日常的なサポートがある世帯は 4 世帯であった (ID1、6、8、12)。残りの 5 世帯では、「緊急時」や「病気や出張時」といった突発的・変則的な問題が生じた際に親からのサポートを得ている。なお、物理的距離のほか「親には親の生活があるので、あまり頻繁に頼るのは憚られる」(ID5) といった心理的要因も挙げられた。

また、保育サービスの利用可能性 (ID1、3、6) や、教育やバリアフリーを含む子育て環境 (ID3、4、5) といった要素も、入居理由に挙げられている。たとえば、ID3 は、前住地である千葉県市川市で認可保育所に入所できず、空きのある認証保育所を通勤経路上に見つけることもできなかった。そのため、都区部への転居を前提に江東区や港区、品川区など複数の認証保育所に入所を申し込み、最初に入所可能の連絡があった豊洲への転居を決定した。ID3 は「保育所に入所できればどこでもよかった」と述べており、民間保育サービスを含む保育の利用可能性が居住地を決定するうえで優先順位の上位にあったことがわかる。また、ID2 は入居理由に「通勤の利便性」のみを挙げているが、これには保育所送迎の利便性も含まれている。ID2 は前住地の横浜市で希望した認可

保育所に入所できず、周辺に適当な認可外保育所も見つけられなかったため、最寄り駅からバスで片道20分かかる認可保育所に子どもを預けざるをえなかった。通常の通勤経路をはずれた保育所送迎の時間的・体力的負担は重く、都心に近い豊洲への転居を検討するきっかけになったという。

このほか、豊洲の道幅の広さや買い物等の利便性も、入居理由や入居後の暮らしやすさとして指摘された。目黒区から豊洲へ入居したID6によれば、豊洲は前住地にくらべ道幅が広くバリアフリーも充実しているため、ベビーカーをともなう外出にストレスが少ない。また、商業施設の充実や都心の商業地への近接性（ID4、9）、自家用車でも行動しやすい駐車場整備や道幅の広さ（ID4）といった再開発地としての特長も指摘されている。また、入居後の暮らしやすさとして聞き取り調査のなかで多く言及されたのは、「同世代の子育て世帯が多い」ことであった（ID2、4、5、6、9）。これらの世帯にとって、地区内の子育て世帯との育児・教育に関する情報交換や飲食店・商業施設での子育て世帯向けサービスの充実などが、暮らしやすさとして認識されていた。一方、回答者のうち分譲マンションに住む10世帯に豊洲に今後住み続ける意向を尋ねたところ、「できるだけ長く住み続けたい」と答えたのは2世帯（ID8、9）で、子が小中学校に進学するタイミングでの住みかえを検討しているとの回答が3世帯（ID3、4、6）、「共働きを続ける間のみ住み続ける」や具体的な時期は決めていないが住みかえを検討しているとの回答が2世帯（ID5、10）みられ、定住の意向はさほど高くないことが示された。

（2）認可保育所確保までの対応──「保活」としての認可外施設の利用

前章でみたとおり、アンケート回答者の多くが認可保育所の待機期間に認可外保育所を利用していた。こうした保育選択がとられる理由を、聞き取り調査から詳細にみてみたい。

表4-7をみると、待機を経験した対象者はすべて、待機中に企業内保育所を含む認可外保育所を利用しており、ID3、6、8、9、11のように、複数の保育所を利用した世帯もある。保育料をみると、企業内保育所以外の認可外保育所を利用した5世帯は、月額6〜14万円の保育料を支

表 4-7 認可保育所待機期間中の対応

ID	待機期間の対応	利用施設の位置	月額保育料（万円）	待機期間（ヶ月）	育休期間（取得/可能）（ヶ月）
1	・企業内	・千代田区	無料	6	0/24
2	・企業内	・港区	5.2	2	11/24
3	・認可外 ・認証	・市川市 ・豊洲	8 7	12	14/36
4	・認可外	・居住マンション内	11	4	12/12
5	・企業内	・千代田区	無料	24	12/12
6	・認可外① ・認可外②	・川崎市※ ・川崎市※	8 6	4	3/36
7	・認可	・江東区	－	14	0/12
8	・認可外 ・認証	・江東区 ・豊洲	6 6	12	12/12
9	・認可外① ・認可外②	・中央区 ・中央区	14 8	4	6/12
11	・認証① ・認証②	・豊洲 ・豊洲	6.5 4.5	14	なし（退職）

注：待機期間のなかったID10、12を除く。「企業内」は企業内保育所を、「認証」は認証保育所を、「認可外」は認証保育所を除く認可外保育所を、「認可」は認可保育所を、「－」は不明を、それぞれ示す。2ヶ所の施設が記されている場合、上段の施設から下段の施設へ転園したことを示し、いずれも認可外である場合①、②の番号を付した。「豊洲」は豊洲地区、「江東区」は豊洲外の江東区内を示す。育休期間は、左側が実際に取得した期間、右側が取得可能期間。※は妻が実家へ一時的に転居して利用。ID9は育休取得時、派遣社員であった。
資料：聞き取り調査より作成。

払っていた。利用保育所とその位置では、豊洲や居住マンション内といった居住地周辺以外にも、都心への近接性を背景として、職場の企業内保育所（ID1、2、5）や、職場近くの認可外保育所（ID9）が利用されている。また、これらの世帯は育児休業が満期に達する前に復職している傾向がある。育児休業を取得できた9世帯中4世帯は取得可能期間より短い期間で職場に復帰しており、2世帯は育児休業を取得しなかった。

育児休業取得可能期間の満期を待たずに認可外保育所を利用する一因には、認可保育所への入所要件が影響している。認可保育所は「保育に欠ける」児童を対象とした福祉施設であるため、入所に際し、保護者が保育にあたれないと判断される要件や優先規準が定められている。江東区では、「基準指数」と「調整指数」の合算である「入所指数」によって、保育所に入所する世帯が決定される。「基準指数」とは、保護者の

就労・就学・疾病・介護などの状況によって与えられる点数であり、「調整指数」とは、保護者個人や世帯の就労実績や障害の度合い、保育所の利用状況などに応じて与えられる点数である。入所指数が同一の場合には、12段階の「優先順位」にもとづき、より優先度の高い世帯が入所する（江東区2010b）。

　これらの指数は、保護者の労働日数や労働時間が多い世帯や、就労して保育所等を利用している世帯に加点（または優先順位の上昇）がなされるため、入所申請が多く親の健康状態や世帯構成などの条件が横並びになる状況では、指数や優先順位のわずかな差が入所を決定する。その結果、認可保育所を希望する世帯にとっては、たとえ育児休業を取得できる状況にあっても、調整指数や優先順位を高めるために早期に復職して認可外保育所を利用することが合理的な選択となるのである。

　復職を早め認可外保育所を利用して認可保育所へ確実に入所しようとする典型的な事例は、ID2、6、9にみられた。たとえば、ID9は育児休業を1年間とると認可保育所に入所できないと考え、「認可外保育所に預けた実績と復職している実績で入所ポイント（筆者注：入所指数）を高めたい」という意向のもと、取得可能期間より早く復職した。居住地近辺では入所できる認可外保育所がなかったため、職場近くの認可外保育所を2ヶ所利用し、夫婦交代で送迎した。また、ID6は第一子出産後、15ヶ月の育児休業を取得しようと考えていたが、認可保育所の入所申請の際に競争率が想像以上に厳しいことを知った。情報収集をするなかで、「少しでも復帰を早めて入所ポイントを稼げば入所できるかもしれない」と考え、周辺の認証保育所や認可外保育所を探したが条件に見合う保育所が見つからなかった。結局、妻の実家がある川崎市へ妻と子が一時的に転居し、実家近くの認可外保育所を利用することで職場への早期復帰を果たした。実家近くの認可外保育所では、本人の母親が保育所への送迎を手伝った。このほか、ID2が企業内保育所を選択した理由について、「（認可保育所の）入所ポイントが上がって認可保育所に入りやすくなると考えた」と述べるなど、認可外保育所の利用と早期復職は、認可保育所への入所を確実にするための手段として捉えられていることがわかる。

(3) 認可保育所の利用可能性における格差

　前節までにみたような手段は、当然ながら、すべての共働き世帯がとることのできる選択肢とはいえない。すでに述べたように、認可外保育所は一般に認可保育所や認証保育所よりも高額で、入園金がかかることも少なくない。このため、認可外保育所の保育料を支払う経済的余裕のない世帯では、認可保育所や認証保育所の空きがなければ、職場への復帰を希望している場合でも待機期間が長引くことになる。

　ここで、アンケート調査の結果から、世帯年収別に民間保育サービス（認可外保育所）の利用率と待機期間の長さ、育児休業取得期間を分析してみる。便宜的に、世帯年収700万円未満、700～999万円、1000～1499万円、1500万円以上の4階層に分類し、それぞれ階層1、階層2、階層3、階層4とする。まず、認可保育所で待機期間があったと答えた79世帯のうち、民間保育サービスの利用率は、階層2で35.7%、階層3で52.9%、階層4で47.1%と、階層2が最も低く、階層3が最も高くなっている。次に、世帯収入の階層ごとの待機期間をみる（図4-2）。これによれば、階層1では、すべての回答において待機期間が12ヶ月未満と、相対的に短期間で認可保育所に入所できていることがわかる。他方、階層2～4では12ヶ月以上に及ぶ待機が生じている。特に、階層2において待機期間12ヶ月以上であった世帯が29.1%を占めており、階層3（13.5%）や階層4（14.3%）と比較して、同じ期間を待機した比率が高い。

　この結果は、前述した認可保育所入所の「優先順位」を考慮すると、次のように解釈できる。入所の優先順位として所得水準（が低いこと）は上位にあたるため、階層1は待機したとしても相対的に早く認可保育所に入所することが可能である。階層2～4では、世帯収入の水準が高いために、認可保育所への入所を希望する場合、収入以外の条件が入所指数や調整指数に影響する。なかでも、就労（復職）や民間保育サービスの利用は、世帯が調整可能な条件である。しかし、階層2は階層3や4に比較して世帯収入が低く、保育料の高い認可外保育所を利用することが困難な状況があることが推察される。一般世帯が保育費用にかけることのできる上限は可処分所得の7%程度とされており（林・イト2001）、

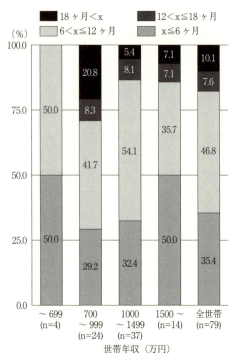

図 4-2　世帯年収別の保育所待機期間の割合
注：無回答を除く。
資料：アンケート調査より作成。

　階層 2 の世帯にとって月額 6 万円を超える保育料は大きな負担となる。加えて、2 人以上の子どもをもつ場合、第二子以降の保育料が半額になる認可保育所と民間保育サービスの保育料格差はさらに大きくなる。認証保育所は保育料の上限や区による保育料補助があるために認可外保育所と比較すれば安価だが、前述のとおり、豊洲では認証保育所も満員の施設があり、認証保育所への入所すら「待機」するケースも少なくない。また、階層 3 や 4 に比較して世帯収入の低い階層 2 では、家計維持のために早期に復職する需要が高いことが予想されるため、保育所入所を希望する時期の早さから、相対的に待機期間が長くなっていることも考えられる。このように、階層 2 では、復職を希望しても利用可能な保育所が見つからないために復職することができず、結果的に調整指数や優先

順位が低くなり、待機期間がさらに長期化している可能性がある。

そもそも、認可保育所の待機経験を世帯年収ごとにみると、階層2の比率が高い。この収入階層の世帯は回答者全体では20.2%だが、待機経験世帯のなかでは30.4%を占める。これは、妻の雇用形態によって一部説明できる。世帯年収と妻の雇用形態の関係をみると、妻が非正規雇用の割合が階層1で23.1%、階層2では23.5%を占めるのに対し、階層3では9.0%にすぎず、階層4では妻が非正規雇用の世帯はない。前述のとおり、認可保育所への入所要件では、保護者の就労日数や就労時間も審査の対象となるため、妻が非正規雇用の世帯は入所順位が下がる場合が多いのである。なお、アンケート調査で待機期間に関する回答があった世帯のうち、妻が正規雇用の122世帯中待機期間を経験したのは55世帯（53.3%）だが、妻が非正規雇用の18世帯中16世帯（88.9%）が、妻が無職または求職中の12世帯中10世帯（83.3%）が、待機期間を経験していた。

4　都心湾岸部の保育所獲得競争と「格差」

本章では、再開発による超高層マンションの建設が進む東京都心湾岸部の事例として江東区豊洲地区を取り上げ、ホワイトカラー共働き世帯の保育選択の実態を明らかにしてきた。

本調査の対象者は、夫婦ともに正規職ホワイトカラーが多く、通勤範囲は都心3区を中心に30分圏内と、職住近接を実現している。居住地選択では、通勤の利便性や保育所入所可能性を重視して豊洲地区に入居した者が多かった。今後の居住意向については、分譲住宅に住む世帯でも、子どもの成長にあわせた住みかえを考えている世帯が多く、子育て期の共働きを支える一時的居住地として選択されたことがうかがえた。ただし、妻がフルタイム就業の場合でも、帰宅時間や保育所への送迎などの点では、世帯内の性別役割分業が維持されている。

一方、認可保育所の不足は深刻で、回答世帯の6割は現在の保育所に入所する前に待機期間を経験していた。特に、妻が非正規雇用の世帯では、待機状態になる比率が高い。また、その期間の対応としては、地域

内外の認可外保育所や認証保育所を利用した世帯が多く、母親自身の育児休業の延長や親族への託児依頼をした世帯は少数であった。これには、回答世帯の半数において祖父母が東京圏外に居住しており、物理的距離から日常的な託児を依頼することが困難であることが一因として挙げられる。それに加え、認可保育所入所のための各世帯の意向が影響している。認可保育所入所を決定する「入所指数」や「優先順位」を引き上げ、認可保育所へ確実に入所するためには、育児休業を早めに切り上げ民間保育サービスを利用することが有効な選択肢となる。しかし、結果として、民間保育サービスの高額な保育料を支払うことのできる高所得層や認可保育所の入所が優先される低所得層に比較して、中所得階層の世帯では待機期間が長期化している傾向がみられた。また、勤務先の企業規模によって子育て支援制度の利用可能性にも格差が生じている。以上のように、苛烈な保育所獲得競争のもとで、子育て世帯がとりうる保育サービスの選択肢には収入階層や勤め先の企業規模などによる差があり、認可保育所への入所可能性にも影響を与えている可能性がある。

　もちろん、サービス内容や立地等の点から認可保育所でなく認可外保育所を希望する共働き世帯も存在する。しかし、認可保育所と認可外保育所における保育料や施設基準の格差は、認可保育所に需要を集中させている側面がある。本調査で明らかにされたとおり、当地区の回答世帯は世帯年収1000万円以上の高所得層が多数で、認可外保育所における保育料の支払能力があると考えられる世帯が多い。しかし、子どもが二人以上いる場合に3割から半額程度減免される認可保育所との保育料の格差は大きい。また、保育時間の面でも、職住近接により通勤時間が短縮されていれば、妻が夜間勤務や「男並みの」残業を行わない限り、認可保育所の延長保育で保育ニーズを満たすことができるため、高額な保育料を支払って認可外保育所の利用を続ける合理性は薄い。さらに、国の面積基準や保育士数の基準を満たした認可保育所は、広さやスタッフ数の点で、認可外保育所よりも安心できると考える親は少なくない。調査結果からわかるとおり、世帯年収1000万円を超えるような所得階層の世帯においても保育時間や保育年齢と自身のワーキングスタイルが合致するならば、認可保育所を希望するのである。

このように、都心湾岸部における共働き世帯は、職住近接や豊富な民間サービスの利用によって就業継続を果たす一方で、保育所入所競争の激化から育児休業期間を十分に取得できないばかりか、世帯収入や妻の雇用形態が公的保育の利用可能性にも影響を与えている可能性がある。こうした問題を解決するためには、認可保育所や認証保育所の増設・定員増加に加え、認可保育所と認可外保育所の保育料の格差是正を図る必要がある。また、豊洲地区に立地する認証保育所への聞き取り調査では、今後の参入障壁として「地代の高さ」が挙げられており、都心部や都心周辺部における認可外保育所の誘致の際には、賃料補助を含む立地の促進が求められる。他方、今後の需要の変化に対応できるよう、集合住宅を利用した小規模保育や、保育ママなどの施設型保育以外の保育サービスの拡充は欠かせない。また、これら都心居住の子育て世帯にとっては、前章で指摘した、都心部の複数企業の提携による企業内保育所も有効な選択肢となりうるだろう。

注
1）入所指数とは、親の就労や世帯状況に応じて自治体から与えられ、認可保育所入所の可否を決める基準となる指数である。東京新聞 2013 年 2 月 19 日付朝刊では、「保活」として「認可保育所の入所の競争率が異常に高いため、母親らは子どもが生まれる前から認可外保育所を訪ね歩いて（中略）認可外施設に入れ、認可保育所に入るための点数を稼ぐ人もいる」と報道している。
2）不動産経済研究所『全国マンション市場動向』によれば、豊洲 1・4・5 丁目において、1995 年から 2006 年にかけてマンション 12 棟（3657 戸）が建設された。
3）認可保育所 6 ヶ所、東京都認証保育所 5 ヶ所、東京都認証保育所以外の認可外保育所 2 ヶ所。
4）認可保育所 5 ヶ所、東京都認証保育所 2 ヶ所。
5）なお、住民基本台帳（各年 1 月 1 日現在）によれば、江東区全体の 0 ～ 5 歳人口は、2000 年 1 万 6655 人、06 年 2 万 1234 人、11 年 2 万 4480 人と推移している。
6）そのほか、親族との同居世帯は 4 世帯、父子世帯は 1 世帯、母子世帯は 4 世帯であった。
7）同一保育所に 2 人以上の子どもを預けている場合、年齢の低い子どもについて回答。
8）東京都における 6 歳未満の子をもつ世帯の年収分布は、700 万円未満 55.7％、700

～1000万円未満23.6％、1000～1500万円未満11.0％、1500万円以上5.8％、無回答4.5％である（東京都2006）。

9）なお、対象保育所には豊洲5丁目の公営住宅の近隣に立地する認可保育所が含まれるが、当該保育所への聞き取り調査によれば、公営住宅の住民は高齢化しており、保育所利用者は周辺の民間マンションに住む世帯が中心であるとのことであった。

10）22時まで開所する認証保育所利用者でも、妻の残業時の帰宅時間が20時を過ぎる者は2世帯であった。

11）国立社会保障・人口問題研究所（2008：15）によると、常勤の妻をもつ夫のうち、保育園の送迎を週に1～2回以上行う者は全体の35.1％である。

12）ここでは「認可保育所に入所させたいと希望した（と回答者が認識している）時点」と「実際に入所できた時点」から待機期間をカウントしており、「役所へ入所申請をした後の期間」だけでなく、「十分に入所指数が上がるまで入所申請をしなかったが本人は待機と認識している期間」も含まれ、厚生労働省等の定義する「待機」状態より広い対象を含むことに留意する必要がある。「待機期間」は、実際の入所時点と入所希望時点の子の月齢から算出し、調査時点で希望の施設に入所できていない世帯では、希望時点から調査時点までの期間を待機期間とした。

13）複数回答のため、合計は100％にならない。認証保育所のみ利用は39世帯、認証保育所以外の認可外保育所のみ利用は37世帯、認証保育所以外の認可外保育所と認証保育所との組み合わせが3世帯、認証保育所と他の認可保育所の組み合わせが1世帯。

5章

保育サービス不足地域における行政の役割

―― 足立区小規模保育室事業を事例として

前章まで、主に正規雇用のフルタイム就業に就く親が主な利用者層となっているサービスやその利用状況についてみてきた。4章では、特に認可保育所の獲得競争が激しくなっている湾岸部のタワーマンション建設エリアにおいて、認可外保育所を利用して職場復帰を早めることで認可保育所への入所可能性を高めるといった行動がみられること、保育サービスへの支払能力がその後の認可保育所への入所可能性にも影響しうることを指摘した。

　実際、認可保育所への入所において、就労時間の長短は保育の必要性を定める条件の一つとなるため、パートタイム就労で相対的に就労時間が短い母親は、子どもを認可保育所に入所させることが困難である。また、保育サービスを必要とする場合でも、認可保育所のような終日保育ではなく、パートタイム就労や地域活動の間の短時間保育を求める世帯は少なくない。こうした多様なニーズへの対応や待機児童の受け皿として、短時間での保育サービスを自治体独自に提供している事例がある。ここでは、足立区による「小規模保育室事業」を事例として、その利用実態と役割を考察してみたい。なお、足立区の「小規模保育室」は、都の認証のない認可外保育所に分類され、足立区が独自に設けた認可外保育所への助成制度である。

1　事業開始の背景と民間事業者の参入

　すでに2章でみたように、東京都のなかでも保育需給には地域差が発生している。足立区は、認可保育所など公的保育サービスが不足していると同時に、認可外保育所などの民間サービスの供給も相対的に少ない地域として位置づけられる。こうした地域では、自治体が独自の基準や補助金を設けて運営する準市場的施設の役割が重要になると考えられる。本章では、足立区による「小規模保育室」事業（以下、「小規模保育室」）を取り上げ、その展開の経緯や利用実態を分析する。

　足立区における小規模保育室導入の背景には、従前からの保育需要の高さに加え、南部を中心とした再開発にともなう需要の急騰があった。足立区は、経済不況にともなう共働きの増加に加え、母子世帯が多く[1]、

全域的に保育需要の高い地域である。さらに、西新井地区や新田地区における工場跡地を活用した大規模再開発や千住・綾瀬地区における大型マンション建設とともに、つくばエクスプレス（2005年開業）や日暮里・舎人ライナー（2008年開業）等の鉄道新線の開通によって都心通勤の利便性が向上しファミリー世帯を含む人口流入が生じた。その結果、保育需要急騰に認可保育所建設が追い付かず、待機児童が増加した。2009年以降、足立区では毎年400人以上の待機児童が発生している。

ただし、待機児童のほとんどは低年齢児で、母がパートタイム就労や求職中の世帯であった。年齢別内訳では0〜2歳児が9割以上を、入所事由別内訳ではパートタイム就労世帯や求職中の世帯が8割以上を占めていた（足立区2011）。これには、一般的にフルタイム就労の世帯が優先され短時間就労や求職中の世帯が入所しづらいことや、認可保育所の運営基準で3歳未満児に保育士を過配しなければならないため低年齢児枠を拡大しづらい等の認可保育所の入所システムが影響している。

これに対し、足立区は2010年に「足立区小規模保育事業」を開始した。2012年10月現在、認可外保育所26ヶ所のうち15ヶ所が足立区小規模保育室の助成を受けており、総定員は261人である。保育室の利用対象は、就労や家族の介護、求職中等により保育が必要な0〜2歳の乳幼児で、7：30から18：30までの11時間保育が提供されている。事業開始当時は月140時間以下の利用を対象としていたが、利用者の要望により、2012年現在、月140時間以上の利用も可能となっている。保育料は月あたりの利用時間によって決まり、月60時間以内で月額1万円、61〜90時間で1万6000円、91〜120時間で2万2000円、121〜140時間で2万8000円、141時間以上で4万4000円の上限が設定されている。なお、東京都認証保育所では保育料上限を8万円と設定しており（3歳未満児・月220時間以下）、小規模保育室は認証保育所ほどの保育時間を必要としない世帯を想定した保育料設定となっている。

また、小規模保育室は対象を低年齢児に限定しており、認可保育所や認証保育所にくらべ小規模な施設でも開設可能であることや、事業者が施設物件の手配や改修準備をすることから、認可保育所等の建設にくらべ短期間で設置することが可能である。また、費用面での自治体負担も

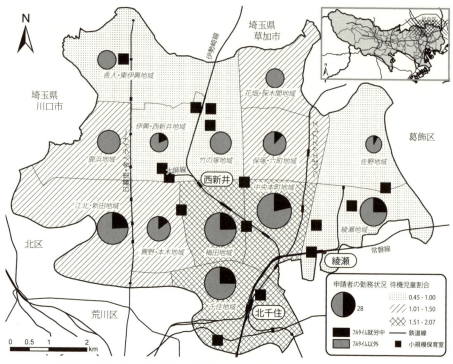

図 5-1　足立区における地区別待機児童と小規模保育室の分布（2012 年度）
資料：久木元・小泉（2013b：139）より引用。

相対的に小さい。施設開設の初期費用や運営費の助成には、東京都による「定期利用保育事業」が活用できる。設置費は、1000 万円を上限に東京都と足立区が3：1の負担割合で助成する。運営費は、保育児童の人数に応じて、東京都が足立区へ交付し、区は、各施設の保育経費、0歳児加算、給食実施加算、保育料軽減費などの補助金額を算出し、各施設へ配分する。

　区の費用負担が相対的に軽い反面、小規模保育所の施設配置の調整機能は区によって担われている。区は、申請情報から得られた年齢別・事由別の待機児童世帯のデータをもとに、需要の高い地区を選定して事業者を公募する。こうした地区の設定により、足立区小規模保育室は待機児童の多い南部をカバーしている。図5-1 は、足立区における地区別待

機児童数と保育室の施設分布を示したものである。再開発やマンション建設を背景として、待機児童は区内南部で多く発生している。認可保育所への申請事由では、都心へのアクセスがよい南部においてフルタイム就労が他地区にくらべ多い傾向にあるものの、全域的にパートタイム就労が過半数を占めている。これに対し、小規模保育室は、千住地区や綾瀬地区、西新井地区といった、待機児童数の多い南部エリアに立地しており、認可保育所の不足に概ね対応した供給がみられる。

　また、この事業は、都内他地区にくらべ認可外保育所の供給が少ない足立区における民間事業者の参入を促進している。2012年6月現在、保育室を運営する事業者は9団体あり、うち株式会社6、社会福祉法人・社団法人2、NPO法人1という内訳であった。また、参入した事業者のなかには足立区内や東京圏のみならず、地方圏から参入してきた事業者もある。株式会社6社のうち3社は、北海道、栃木県、和歌山県からの参入であった。このうち、和歌山県から参入したA社、都内から参入したB社へ、足立区での参入理由や今後の展開に関する聞き取り調査を行った。

　A社は、和歌山県を本社として2000年に創業した。足立区小規模保育室への参入以前は、和歌山県のほか、九州や関西で認可外保育所、院内保育所などを運営してきた。A社にとって足立区小規模保育室の事業展開は、「保育需要の高い地区での社会貢献」「首都圏への進出の契機」となるものであった。一方、運営上の課題として、区からの助成を得ても施設賃料の負担が重いこと、週数日や短時間での利用に対する保育カリキュラム作成の困難があること等が挙げられた。

　一方、東京都内での保育所運営等の実績を経て保育室事業を担う主体もある。B社は東京都内で2000年に創業した保育事業者で、足立区を中心に東京都認証保育所を運営してきた。保育室事業が開始された際にも、「地域貢献」の目的や区からの事業開始の情報、認証保育所運営の実績から保育室へ参入した。B社は鉄道企業から施設の一部を格安で借り受けて当該施設を運営しているため賃料の負担は比較的軽いものの、認証保育所にくらべ助成単価が低い小規模保育室での事業拡大に困難を感じており、今後は認証保育所での展開を中心に考えているという。

2　就業形態にあわせた多様な利用実態

　続いて、足立区小規模保育室の利用状況を明らかにするために、区内15施設のうち、開所直後の2施設を除く13ヶ所で調査を依頼し協力を得られた9ヶ所でアンケート調査を行った。179票を配布し、83票の回収を得た（回収率46.4%）。利用児童の平均年齢は1歳9ヶ月で、回答世帯の世帯年収では300〜499万円と500〜699万円が最も多く各23世帯（27.7%）、次に700〜999万円13世帯（15.7%）、1000万円以上7世帯、300万円未満4世帯で[2]、全国の児童のいる世帯の傾向と比較すると中程度からやや低い所得階層である[3]。また、妻の年収は年間130万円未満が全体の7割を占め、妻が扶養控除の範囲内で就労する世帯が中心である。なお、ひとり親世帯は3世帯であった。

　妻の雇用形態（表5-1）では、パートタイムや派遣が最も多く83世帯のうち37世帯（44.6%）を占めるが、常雇も15世帯ある。パート・派遣で働く妻の職業としては、就労時間が不定形となりやすい販売・サービス職が最も多く（19世帯）、そのほか看護師や介護士といった専門職（9世帯）が続く。一方、常雇の妻では事務が最も多いが（8世帯）、販売・サービス職もそれに続いて多い（4世帯）。そのほか、求職中や自営業といった、認可保育所には入所しづらい世帯も、あわせて11世帯あった。

　妻の通勤範囲は近隣が主で、平均通勤時間は16.8分、従業地は足立区内が最も多い（36世帯）。ただし、常雇では足立区内の通勤は2世帯にすぎず、都心3区（4世帯）や品川区、新宿区、豊島区など相対的に遠方の区へ通勤している割合が高い。通勤方法としては「自転車のみ」が最も多いが（23世帯）、「鉄道のみ」（16世帯）や、鉄道とその他の通勤方法の組み合わせ（9世帯）も少なくない。1日あたり7時間前後の労働に就いており、週あたりの平均保育利用日数は3.6日である。

　小規模保育室の利用理由（図5-2）としては、「ほかに選択肢がない」が最も多く、認可保育所を含め、これらの世帯が利用できる預け先の選択肢が乏しいことがうかがえる。「その他」の内容は大部分が「家の近くだったから」という回答であった。また「パートでも入所できる」「求職中でも入所できる」といった理由をあわせると、全体の3割以上

表 5-1 回答者（妻）の雇用形態と職種

妻の雇用形態	妻の職種							総計
	販売・サービス	専門	事務	生産工程	管理専門	その他	無回答	
パート・派遣	19	9	2	2		2	3	37
常雇	4	2	8		1			15
求職中							6	6
自営・役員	1	1	1		1	1		5
家事・学生		1				1		2
その他		1				2	3	7
総　計	24	14	12	2	2	6	12	72

注：無回答を除く。
資料：アンケート調査より作成。

を占めており、認可保育所に入所しづらい世帯の受け皿となっていることがわかる。さらに、「区が運営していて安心」という回答にみられるように、認可外保育所では保育内容や質に関する情報や信頼が得られにくいのに対し、小規模保育室では区からの認定を受けることで一定の安心感が担保されている。加えて、「保育料が安い」という回答も4番目に多く、保育時間ごとに料金の上限が設定されることで利用がしやすくなっていることがわかる。

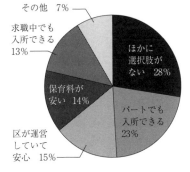

図 5-2　小規模保育室の利用理由
資料：アンケート調査より作成。

　こうした利用世帯の就労状況の多様性に対応して、利用実態もきわめて多様である。図5-3は、アンケート回答世帯のうち、一日あたり7時間以内の保育を利用する世帯の保育利用時間と就労時間をみたものである。ID1から15のように、朝7時～9時台に利用を開始し15時で利用を終える早い時間帯での利用グループがある一方で、ID22や26などのように、朝10時～11時台から17時台・18時台といった遅めの時間帯での利用グループもある。こうした利用時間は、販売・サービス職のパート就労・派遣、介護・看護などの専門職のシフト勤務に対応したも

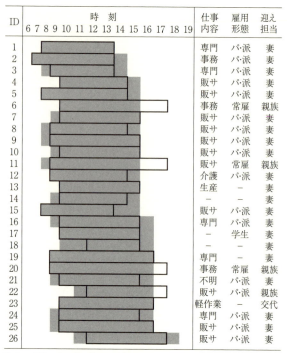

「-」：不明・その他　「パ・派」：パート・派遣
□：就労時間　■：保育利用時間

図 5-3　回答者の保育時間と就業時間
資料：アンケート調査より作成。

表 5-2　ある小規模保育室（1 歳児クラス）の 1 週間の利用例

曜日 児童ID	月	火	水	木	金	土
A	-	9:45～15:30	9:45～15:30	-	9:45～17:45	8:00～16:15
B	-	9:00～16:00	-	-	9:00～16:00	-
C	8:15～15:30	8:15～15:30	8:15～15:30	8:15～16:15	8:15～16:15	-
D	10:00～16:30	10:00～16:30	10:00～16:30	10:00～16:30	10:00～16:30	-
E	9:30～16:00	-	9:30～17:00	-	9:30～16:30	-
F	9:45～17:45	9:45～17:45	-	9:45～17:45	9:45～17:45	-

注：「-」は利用なし。
資料：アンケート調査より作成。

のであることが推察される。また、ID6や11、20、22のように、就労時間が保育時間を超えるため親族に迎えを代替してもらうことで対応している世帯もあるものの、回答全体では妻による送迎が主であった。妻の両親の居住地は1都3県が44世帯（うち足立区内24世帯）だが、日常的な保育所送迎を頼める親族が近くにいない世帯が多い。

表5-2は、調査対象となったある小規模保育室（1歳児クラス）における、1週間の利用状況を示したものである。これによれば、平日5日の利用もあれば、土曜日を含む週4日利用、週3日以下の利用などが混在している。利用時間の点でも、開始時間は世帯ごとにある程度規則的な傾向がみられるが、終了時間は曜日によって異なる場合も多い（児童A、C、Eなど）。

3　認可保育所入所の希望

以上のように、小規模保育室は母親の就業形態に影響された多様な保育需要の受け皿となっている。その一方で、小規模保育室では需要を満たしきれないと考える利用世帯もいる。アンケート調査では、「今、認可保育所の空きがあれば入所を希望しますか」と質問した。その結果、「希望しない」53.0％、「希望する」39.8％、「検討中・無回答」が7.2％と、過半数は小規模保育室に満足している一方で、約4割の利用者は認可保育所を希望し続けていることが示された。表5-3は、それぞれの理由をまとめたものである。

認可保育所を希望しない世帯にとって、小規模保育室の満足度は高い。希望しない理由としては、「現状に満足」に続き「働き方に合致」が挙げられ、短時間就労や「週に数日働きたい」といった就労ニーズに合った保育の受け皿になっていることがわかる。また、小規模保育室は0～2歳を対象としているため、3歳以上になると他の預け先を探さねばならないが、「3歳以降は幼稚園を希望している」といった回答もあり、待機児童の多い3歳未満の期間を過ぎれば、幼稚園の預かり時間で対応できる世帯も少なくないことがみてとれる。その一方で、「認可保育所は無理だと諦めている」という消極的な理由もみられた。

表 5-3　認可保育所希望と非希望の理由

認可保育所を希望しない	
理　由	回答数
現状に満足	17
働き方に合致	12
幼稚園を希望	6
認可保育所は諦めている	4
保育料が安い	4
兄弟姉妹と同じ施設・近い	3
その他	3

認可保育所を希望する	
理　由	回答数
保育料が安い	13
就労時間や日数を増やしたい	12
兄弟姉妹と同じ施設・近い	8
3歳以降の入所先が未定	2
その他	3

注：複数回答。
資料：アンケート調査より作成。

　他方、認可保育所を希望する理由として最も多かったのは、認可保育所の「保育料が安い」という理由であった。これは、「(小規模保育室の)保育料が安い」という回答が多くみられたことと矛盾するようにみえるが、この矛盾は認可保育所と認可外保育所の料金システムの違いに起因している。認可保育所では世帯の所得階層によって保育料が定められ、所得階層によっては無料から月額数千円で終日保育を利用することができ、平均的な保育料は月額2万円程度である（内閣府 2009）。そのため、小規模保育室には保育料の上限設定があるとはいえ、時間単位での料金設定は収入を増やしたい世帯にとっては不都合である。実際、2番目に多い理由として「就労時間や日数を増やしたい」が挙げられており、保育時間や日数を増やすと小規模保育室では保育料が上がるため、就労時間を長くしたい世帯にとって、毎日・終日の利用ができる認可保育所は、より魅力的な選択肢となるのである。

　世帯収入別に認可保育所への入所希望の状況をみると（表5-4）、収入500万円未満では過半数が認可保育所を希望している。アンケートの自由記入欄では、「今預けている保育室は区が認めているところで安心ですが、やはり自分にとっては高く感じます。月5～6万円などはとうてい毎月支払うのが困難です。本来はもっとあずけて働きたいのですが、毎月定期的に支払う金額を考えると週3回の5時間……働かないといけないのに、保育料が高いからあずけられない」（自営業手伝い、世帯年収

表 5-4　収入階層別にみた認可保育所への希望の有無

世帯収入（年間・万円）	認可保育所への入所希望（％）			計
	有	無	検討中 無回答	
300 万円未満　（n=4）	100.0	0.0	0.0	4
300 ～ 499 万円　（n=23）	52.2	43.5	4.3	23
500 ～ 699 万円　（n=23）	34.8	56.5	8.7	23
700 ～ 999 万円　（n=12）	33.3	58.3	8.3	12
1000 万円以上　（n=7）	42.9	57.1	0.0	7
不明・無回答　（n=14）	14.3	71.4	14.3	14
計	39.8	53.0	7.2	83

資料：アンケート調査より作成。

300 ～ 499 万円）のように、保育料と就労時間のジレンマを示す回答もみられた。

　また、世帯年収 1000 万円以上の世帯でも、42.9％が認可保育所を希望している。その理由は「上の子が認可に通っており、2 園に分かれて通うのが面倒」「仕事に復帰したらフルタイムになるので」「（認可園のほうが）家から近い、融通がきく」のように、送迎や保育時間の長さといった点であった。この所得階層では、フルタイム就業の母親が多いため、就労と家事・育児の両立の面から、送迎時間の短縮や延長保育のある認可保育所への入所希望が多いことが推察される。

4　保育サービス不足地域における行政の役割

　本章では、認可保育所と認可外保育所とのいずれもが不足している地区における「準市場」的施設の供給と利用実態を明らかにしてきた。図 5-4 は、本事例から得られた事業背景と主体間関係をまとめたものである。足立区小規模保育事業は、従来からの高い保育需要に加え、南部を中心とした再開発によって待機児童対策が求められており、待機児童の大半を占める 0 ～ 2 歳児、パートタイム就労世帯や求職中の世帯を対象に事業が開始された。株式会社等の保育事業者は行政からの認定実績や大都市圏での展開の契機を求めて参入し、即時性のある施設供給を可能

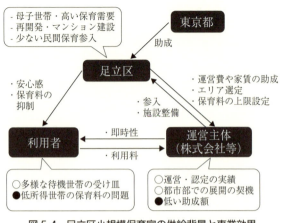

図 5-4　足立区小規模保育室の供給背景と事業効果
資料：筆者作成。

にした。区がこうした事業を開始できた理由の一つには、東京都の「定期利用保育制度」を活用することで財政的な負担を相対的に軽くすることができた点が挙げられる。一方、区は域内の保育需要を把握しながら設置エリアを設定し分布の不均衡を抑制しようとしているほか、施設賃料の助成を設けることで賃料の高いエリアにおける事業者の参入障壁を低減させている。また、パートタイム就労や求職中の世帯の所得状況に鑑み、都の認証保育所よりも低い保育料上限を設定した。このように、区は、民間事業者による保育供給の即時性を活用しながら、価格や施設配置を規制する点において、基礎自治体の調整機能を発揮しているといえるだろう。さらに、区からの認定を与えることによって、認可外保育所の質に関する情報の非対称性を軽減し利用者に一定の安心感を与え、終日保育を必要としない共働き世帯の保育需要の受け皿として機能している。

その一方で、本事業の限界も指摘しておかねばならない。小規模保育室利用者の約4割は認可保育所を希望しており、その主な理由は認可保育所との保育料格差である。特に、相対的に所得が低い世帯において認可保育所への入所希望が高い傾向がみられた。認可保育所の入所基準では通常、フルタイム就労世帯を優先的に入所させるため、特に待機児童

の多い地域ではパートタイム就労世帯が認可保育所に入所しづらい場合が少なくない。小規模保育所はこれらの世帯の保育需要を満たしている反面、利用者が就労時間を増やそうとした場合、時間単位で保育料が決まる小規模保育室では保育時間の増加は保育料上昇に直結し、容易には就労時間を増やすことができないというジレンマに直面する。その結果、小規模保育室事業は、短時間就労を希望する世帯には高い満足度を与え待機児童の受け皿として機能する一方で、より長時間の就労へ移行しようとする世帯にとっては不完全な施設として認識されている。

　ただし、こうした不全は、足立区の独自事業そのものの制度的欠陥というよりは、認可保育所と認可外保育所の格差という外在的な要因によるものである。鈴木（2010）などが指摘するように、認可保育所と認可外保育所の運営にかかる公費負担の格差と料金システムの違いによって、高所得層を含むすべての所得階層の需要が認可保育所に集中する。それによって、公的保育の利用から押し出され、限定的な就労と所得にとどめられている場合があるのである。待機児童の定義は自治体によって異なるが、自治体独自事業等の保育を利用している場合には待機児童にカウントされない自治体も少なくないため、これらの世帯の保育需要は潜在化されがちである。保育料格差が是正されない限り、認可保育所への潜在需要は残存し続けることが予想される。

　また、認可保育所や認証保育所への公費投入額の格差は、保育事業者の今後の事業拡大の動機にも影響を与えている。本研究で聞き取りを行った保育事業者は、小規模保育室の運営助成額が東京都認証保育所と比較して小さいことや、多様な利用時間や日数でのカリキュラム設定が困難であることから、今後の拡大には消極的であった。もちろん、助成額の違いは保育時間や定員規模の違いによって生じており、それ自体は不公正とはいえない。しかし、保育事業者の参入が限定的になることで、認可保育所や認可外保育所の供給が少ない足立区のような地区において、ますます他地区との選択肢の格差が拡大する可能性はある。こうしたリスクを軽減していくためには、認可保育所と認可外保育所の公費負担や制度的な格差を縮小させると同時に、公的保育の不足を補う担い手の空間的分布に配慮しながら、供給が薄いエリアへの重点配置とそのための

国や都による助成措置の制度化が検討されるべきである。その際には、本事例でみたように、基礎自治体による域内のニーズ分布や利用世帯の実態に関する知識やノウハウにもとづくローカルな規制や調整機能を活用し、都市内部の供給格差を是正しながら、地域に即したサービス供給を実現させる必要があるだろう。

注
1) 2005年における6歳未満の子どもをもつ母子世帯数は1084世帯と23区内で最も多く、江戸川区918世帯、大田区667世帯と続く(国勢調査)。
2) 13世帯は所得について無回答であった。
3) 『平成22年度 国民生活基礎調査』によれば、児童のいる世帯の所得分布は、年間税込所得300〜500万円未満世帯21.9%、500〜700万円未満25.6%、700〜1000万円未満21.9%である。

6章

大都市圏郊外における子育てNPOの役割
―「ジェンダー化された空間」の保育資源

1　郊外の諸問題と非共働き世帯への子育て支援

　2章で述べたとおり、1990年代後半以降、大都市郊外は高齢化や空洞化、局所的な待機児童問題などさまざまな問題に直面している。他方、郊外では、家事と仕事の両立困難から結婚や出産で一度は退職したものの、豊富なスキルと地域や社会への貢献希望を持つ既婚女性も少なくない。近年では、地域の諸課題において、こうした女性たちによるボランタリーな地域活動や子育て支援活動の役割に期待が寄せられている。

　また、2000年代以降、子育て支援に関する国の政策では、親の就業等を前提とした「育児に欠ける」世帯を主な対象とする認可保育所の整備のみならず、非共働き世帯への子育て支援を拡充しようとする展開がみられる。この背景には、核家族の専業主婦世帯において昼間の母と子のみの密室育児や「孤独な子育て」が育児不安を招くことが指摘されるようになったこと、育児不安や育児ストレスによる児童虐待が大きく社会問題化したことなどが挙げられる。特に、郊外ニュータウンでは、地域コミュニティとのつながりが希薄な核家族世帯も多く、育児中の親のネットワーキングや子育て支援活動がさかんである。

　そこで、本章では、大都市圏郊外におけるNPO運営による非共働き世帯を対象とした「地域子育て支援拠点事業」を事例として、サービス供給と利用の実態を明らかにし、その役割や課題を検討する。以下では、対象地域の概要を確認したうえで、NPO法人が運営する子育て支援施設で行った行政および運営者への聞き取り調査と利用者へのアンケート調査の結果を示す。なお、聞き取り調査は2010年11月に行われ、利用者アンケートは、2010年12月から2011年1月の来所者を対象に、施設スタッフから手渡しで配布し、施設へ提出されたものを回収した。アンケートの配布数は150部で、そのうち116部の有効回答を得た。

　対象地域として、名古屋大都市圏の郊外に位置する春日井市の高蔵寺ニュータウンを取り上げた。高蔵寺ニュータウンは、名古屋中心部から約17kmに位置する総面積約702haの住宅団地で、1966年から81年にかけて、日本住宅公団を中心に開発が進められた（図6-1）。現在では65歳以上の高齢人口の占める割合が大きい一方で、30歳代および10歳未

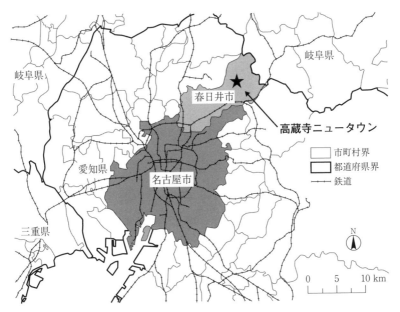

図 6-1　対象地域の概要

資料：久木元ほか（2014：78）より引用、一部改変。

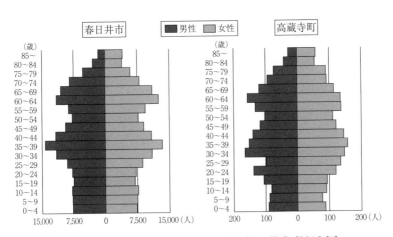

図 6-2　春日井市および高蔵寺町の年齢別人口構成（2010 年）

資料：『国勢調査報告』より作成。

満の人口比率も高く、小さな子どもをもつファミリー世帯が多いことがわかる（図6-2）。専業主婦率（50.4%）と核家族世帯率（66.6%）はいずれも全国平均を上回っており、親族などの育児サポート資源に乏しい世帯が相対的に多いことが推察される。また、2011年度以降は認可保育所の待機児童が解消されたことが発表されたが、2010年までは毎年30人程度の保育所待機児童が恒常的に発生していた。なお、待機児童数の定義が2003年に変更されたことやカウント方法が自治体によって異なることから、実際の待機児童数は公表値よりも多い可能性がある。

2 対象地域における地域子育て支援拠点事業

(1) 地域子育て支援拠点事業の経緯

　地域子育て支援拠点事業は、核家族化、地域コミュニティの希薄化にともなう子育ての孤立化・孤独感や育児不安の解消、また児童虐待の予防を目的として、育児中の親子が相互交流や不安・悩みの相談をできる場を提供する事業である。本事業は、保育所を拠点に育児相談等を行う「地域子育て支援センター事業」（1993年開始）、民家や空き店舗等で行われる「つどいの広場事業」（2002年開始）を前身としている。2007年には、上記二事業に加え児童館・公民館で行われていた親子教室などの事業が、現在の「地域子育て支援拠点事業」へと統合された。2010年に少子化対策の一環として閣議決定された「子ども・子育てビジョン」のなかでは、「多様なネットワークで子育て力のある地域へ」のスローガンのもと2014年までに1万ヶ所の地域子育て支援拠点を整備するという数値目標が立てられた。

　地域子育て支援拠点事業は、その機能や実施形態によって「ひろば型」「センター型」「児童館型」の3類型に分けられる。ひろば型は、常設のひろばを開設し、親子が気軽に集い、打ち解けた雰囲気のなかで相互交流を図るものをいい、実施場所は公共施設内のスペースや商店街空き店舗、公民館、民家、マンション・アパートなどである。センター型は主に保育所や専用施設で多くの場合保育士等の専門家による相談・援助、情報提供が行われ、児童館型は児童館や公民館等で実施される。

2012年度現在、地域子育て支援拠点は全国で5968ヶ所あり、その内訳はひろば型2266ヶ所、センター型3302ヶ所、児童館型400ヶ所となっている[1]。

地域子育て支援拠点では、市町村直営または、社会福祉法人、NPO法人、民間事業者等への委託による運営が認められている。2010年現在におけるひろば型拠点の運営主体をみると（図6-3）、自治体直営（30.8％）、保育所等の社会福祉法人（31.5％）に続き、NPO法人が18.1％を占めており、NPO法人等のボランタリー・セクターが大きな役割を果たしていることがわかる。

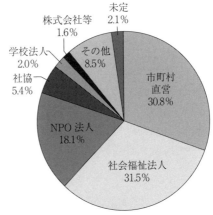

図6-3　地域子育て支援拠点（ひろば型）の運営主体別施設数の割合（2010年）

資料：厚生労働省資料より作成。

(2) 全国のひろば型拠点の展開

ひろば型拠点を運営する事業者同士の連携や情報交換の団体として、「NPO法人子育てひろば全国連絡協議会」（以下、ひろば全協）が組織されている。ひろば全協は、地域子育て支援拠点事業「ひろば型」の前身である「つどいの広場事業」を実施する団体によって2004年に開設された。施設開設・運営・研修の支援、質の向上、連携・協働を目的とし、2012年現在819団体が登録しており、そのうち423団体（51.6％）をNPO・任意団体等が占めている。こうした動きは、子育て支援拠点事業が比較的新しい事業で支援内容や運営方法が確立途上にあることや、地域で草の根的に始められた子育て広場も多く、多様な運営主体が子育て支援にかかわる際に情報交換の場やいわゆる「横のつながり」を求めていることがわかる。

ひろば全協の活動においては大都市とその郊外で子育て支援活動を行ってきた団体が先導的な役割を果たしており、加盟団体の分布（図

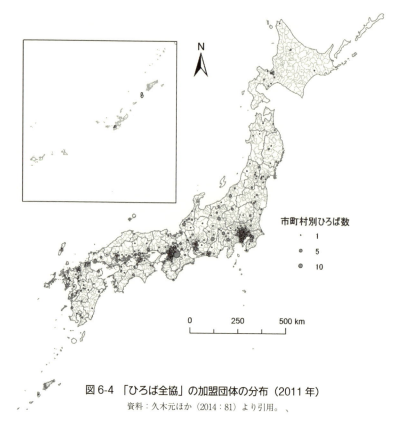

図6-4 「ひろば全協」の加盟団体の分布（2011年）
資料：久木元ほか（2014：81）より引用。

6-4）は、東京都市圏や大阪都市圏の郊外に多くみられる。こうした特徴は、NPO活動が大都市圏郊外に多いことを指摘した前田（2008）等の研究結果とも符合する。

3　高蔵寺ニュータウンの子育て支援事業の経緯

　高蔵寺ニュータウンの位置する愛知県春日井市では、地域子育て支援拠点「ひろば型」が2ヶ所あり、本研究が対象とする施設（以下、当施設）は、2010年8月に開設された。市への聞き取り調査によれば、それまで、春日井市の地域子育て支援拠点は西部に多く立地しており、東部

に位置する高蔵寺地区での設置が求められていた。当施設の運営は春日井市からの指定管理を受けたNPO法人が担い、スーパーマーケットに隣接するUR都市機構（以下、UR）所有の事務所棟の空きスペースで実施されている。

　当施設の主な活動は、ひろば型拠点での親子の居場所提供事業（以下、ひろば事業）と一時保育である。ひろば事業は週6日10時から16時まで、一時保育は週6日7時30分から19時まで開所されている。一時保育は生後6ヶ月から未就学の乳幼児が対象で、冠婚葬祭や病気・出産、就労、講習会やリフレッシュ、里帰り出産等の理由で利用することができる。利用料金は、ひろば事業は無料、一時保育は終日の場合3000円（日額）、半日（午前または午後）の場合1500円（日額）で、一月あたり14日以内の利用制限がある。なお、一時保育は市内認可保育所（6ヶ所）でも実施されているが、その利用時間は8時30分から16時で、19時までの一時保育が利用できるのは当施設を含む子育て支援施設2ヶ所のみである。市への聞き取り調査によれば、認可保育所の一時保育は児童福祉施設最低基準による基準保育時間（一日8時間）に準じて定められている。他方、地域子育て支援拠点事業における一時保育の開所時間は、市内保育所の延長保育時間にあわせて設定された。2010年11月現在、ひろば事業の延利用者数は1万8172人（うち大人8726人、子ども9446人）、一時保育の延利用者数は957人である。

　当施設の運営を担うNPO法人は、2000年頃に組織された子育てサークルの任意団体を母体としており、2011年現在のスタッフ数は22人（うち正規職員7人、パートタイム職員15人）である。法人の代表は40歳代の女性で、夫と3人の子（21歳、18歳、15歳）の5人家族である。代表の女性は大阪市の出身で、1990年頃に結婚し、夫の転勤のため名古屋へ随伴移動した。第一子妊娠後、フルタイムの仕事（金融業）に就いたが、家事・育児との両立が困難で退職した。その後、同じ年頃の子どもをもつ母親同士で勉強会やミニコミ誌を作成する活動を始め、2000年には、任意団体として子育てサークルを発足し、商店街の空きスペースを使い隔月でミニコミ誌の発行と親子交流会を行った。2002年にNPO法人となり、市内の子育て関連情報誌の作成や児童デイサービス、コ

ミュニティカフェなどの事業を行い、2007年には市より障害児相談支援事業の運営委託を受けたほか、子育て中の親子の居場所事業である「つどいのひろば」事業を開始した。2010年に市の子育て支援施設新設にあたり指定管理を受け、それまで週2回だったひろば事業を週5日に拡大し一時保育を行うようになった。活動を進めるにあたっては、ニュータウンの活性化やまちづくりへの関心も動機となっているという。また、当施設の一時保育は、行政からの指定があったこと、利用者からのニーズがあったことなどから実施を開始した。

4　子育て支援施設の利用実態

次に、利用者アンケートの結果をもとに、利用者層や利用目的、一時保育の利用実態、利用満足度や施設・地域の子育て環境に対する要望について整理する。

(1) 利用者層と利用目的

まず、回答者の基本属性を確認しておく。回答者の平均年齢は、妻31.9歳、夫33.5歳で、子ども数は1人 (77.7%)、家族構成では核家族 (81.9%) が卓越している。現在の居住地は春日井市内が97世帯 (83.6%) と最も多いが、名古屋市 (9世帯) や瀬戸市、多治見市 (各1世帯) など近隣市からの利用もみられる。妻の就業状況では、無職 (以下、専業主婦) が90世帯、有職 (working mother、以下WM) が26世帯であった。専業主婦となっている者のうち、出産退職が48世帯、結婚退職が29世帯あり、84.4%が結婚か出産を機に退職している。ただし、現在専業主婦となっている世帯のうち34.6%が、将来の予定として何らかの職に就くことを希望している。

WM26世帯のうち、正規職は14世帯 (うち育休中・産休中12世帯)、パート就労7、自営業3、その他2となっている。職種としては、事務職8世帯、専門職6、販売サービス職3、その他1、無回答8であった。WM世帯の就労目的で最も多いのは「家計補助」(37.0%) で、「家にこもりたくない」(15.2%)、「社会経験・生き甲斐」(15.2%) と続く。仕事

での昇進や転職等の希望（複数回答）では、「昇進をめざす」と回答した世帯はなく、「家庭と両立して継続」（32.4％）、「昇進めざさず継続」（26.5％）、「家計のために継続」（14.7％）が多い。

　夫婦の出身地をみると、妻の出身地が居住市内の者は 36 世帯（31.0％）、夫の出身地が居住市内の者は 35 世帯（30.2％）ある一方で、夫婦ともに県外出身の者が 25 世帯（21.6％）あり、親族による育児サポートを得にくいと考えられる世帯の利用がみてとれる[2]。ただし、専業主婦と WM では傾向が異なり、専業主婦世帯のうち妻が居住市内出身は 23 人（25.6％）であるのに対し、WM 世帯のうち 13 人（50.0％）は妻が居住市内出身であった。これは、親族と近居していなければ就業（家庭との両立）が困難である状況を示している可能性がある。

　ひろば事業の利用頻度について回答が得られた 33 世帯では、「月 1 ～ 2 回程度」（22 世帯）に続き「週 1 ～ 2 回程度」（11 世帯）が多い。また、いずれの利用頻度でも 1 回あたりの利用時間は「2 時間以上 4 時間未満」が最も多く、午前中のみの利用（12 世帯）と午後のみの利用（12 世帯）に分かれていた。さらに、当該施設以外の子育て支援施設（保育所等を除く子育て支援施設や児童館）も併用している世帯は 22 世帯（19.0％）ある。施設への聞き取り調査によれば、利用者はその日行われる行事や支援内容によって、複数の施設を組み合わせて利用する場合が多いという。こうした週数回の短時間の頻度で、複数施設を「ハシゴ」したり組み合わせたりするといった利用行動は、主に一ヶ所の施設でほぼ毎日利用される保育所や幼稚園と異なり、ひろば型拠点等の子育て支援施設の特徴といえる。

　次に、施設の利用目的を図 6-5 に示した。全体としては「家に閉じこもりたくない」「親子の友達作り」「育児ストレスの解消」といった項目が多く選ばれており、保育園や幼稚園の具体的な情報や育児に関する助言よりもネットワーキングや育児に関する情緒的サポートを求めていることがわかる。妻の就業状況別にみると、WM は「家に閉じこもりたくない」や「一時保育の利用」の項目において専業主婦より高い値を示している。他方、専業主婦では「友達作り」「育児情報・アドバイス」が多く選ばれており、育児不安を軽減させる目的が相対的に強くあらわ

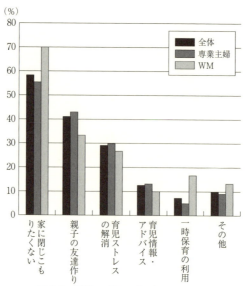

図 6-5　施設の利用目的（複数回答）
資料：アンケート調査より作成。

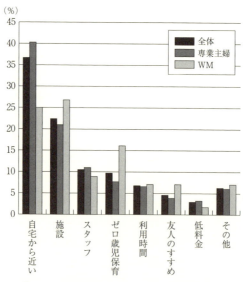

図 6-6　施設選択で重視した点（複数回答）
資料：アンケート調査より作成。

れている。また、当施設選択で重視した点では（図6-6）、専業主婦は「自宅から近い」といった近接性に多くの回答が集中しているのに対し、WMは「施設」「ゼロ歳児の保育」を多く選んでいる。「施設」は主に施設設備や清潔さが評価されていた。また、「その他」では、「スーパーに併設」「買い物ついでに便利」「保育園の一時保育が空いていなかったため」という意見がみられた。

(2) 一時保育の利用実態

　当施設の一時保育の利用世帯は23世帯で、そのうち16世帯が専業主婦、7世帯がWMであった。利用頻度ではWMと専業主婦に明確な違いがある。専業主婦は「緊急時のみ」（8世帯）または「月1～2回」（8世帯）といった突発的な利用や非日常的な利用であるのに対し、WMでは「週2～3回」が7世帯中5世帯と最も多く、準日常的な利用であることがわかる。当施設で提供される一時保育は、専業主婦のリフレッシュや緊急時だけでなく、就労時にも利用されている。

　当施設の一時保育は、WMの世帯の保育全体のなかでどのような役割を果たしているのだろうか。WM世帯の保育状況を表6-1に示した。WMの26世帯のうち7世帯が、当施設の一時保育を利用している。これをみると、全般に、妻の雇用形態が「パート」や「自営業」「その他」など、正規雇用以外の働き方をしている世帯が多く、週2～3回といった準日常的な頻度で1回あたり7～10.5時間の長時間の利用がなされていることがわかる。一般に、認可保育所の入所要件においては正規雇用の共働き世帯が優先されるため、パート就労や自営業などの世帯は認可保育所に入所しづらい状況が生じている。本調査結果からは、パート就労等の妻が子育て支援施設の一時保育を利用して週数日の就労を可能にしていることがうかがえる。さらに、日中の保育状況では、当施設の一時保育とあわせて、親族や他のひろば型拠点、公民館等など複数の保育のサポート資源を組み合わせている。特に、夫婦いずれかの出身地が市内または県内近隣である場合（ID2、4、5、6）、同居または近居の親族が日中保育を担っている。

　前述のとおり、WM世帯では50%が同一市町内を出身地としており、

表6-1　一時保育利用世帯の保育と就業の状況

ID	一時保育の利用		日中の保育状況				妻の就業状況		出身地	
	頻度(回)	時間(時間)	第一子	(歳)	第二子	(歳)	雇用形態	職種	妻	夫
1	週2〜3	10.5	ひろば/公民館等	(1)	(子なし)		パート	専門	県外	県外
2	週2〜3	7	小学校/習い事/同居親族	(10)	ひろば/同居親族	(1)	その他	事務	県内(瀬戸)	市内
3	週2〜3	7	小学校/学童保育/習い事	(7)	認可保育所	(3)	その他	サービス	県外	県外
4	週2〜3	7	認可保育所/同居親族	(2)	同居親族	(0)	自営業	専門	県内(弥富)	市内
5	週2〜3	7	ひろば/公民館等/同居親族	(1)	(子なし)		正規(育休)	事務	市内	県内(稲沢)
6	月1〜2	2	ひろば/公民館等/同居親族/近居親族	(3)	(子なし)		パート	サービス	県外	市内
7	緊急時のみ	2	ひろば	(2)	該当なし	(0)	正規(産休)	専門	県内(名古屋)	県内(名古屋)

注：第二子の「該当なし」は利用している保育施設やサービスがないことを示す。「県内」は、「市内」以外の県内自治体を意味する。
資料：アンケート調査より作成。

親族サポートを得やすいと考えられる世帯が多い。たとえば、日中の保育者では「同居親族」が５世帯、「近居親族」が５世帯あったほか、「子が病気時の保育」（4世帯）や「保育所の送迎」（1世帯）を親族が担っている世帯がみられた。また、就労を継続するうえで役に立った制度や職場の対応では、「短時間勤務」（10世帯）や「勤務シフトの融通」（5世帯）が多く選ばれていた。

(3) 満足度と要望

回答者の満足度は総じて高く、全体の91.8％が「大変満足」または「満足」と答えている。満足の内容についての自由記入欄では、「清潔・スタッフの方が親切」「きれいでおもちゃも多い」といった施設・スタッフへの評価や、「ゼロ歳児から大きい子まで遊べる」といった異年齢の子どもとの交流や友人作りができる点のほか、「遊びなれた場所で一時保育を利用できるから」「土曜日でも早い時間から預けられ料金も安い」「19時まで長い間みてくれる」といった、柔軟性の高いサービス

表 6-2　地域の保育環境に関する自由記入欄の回答分類

要望の種類	内　容
保育サービス (8)	保育園の定員増／0～3歳児の保育の充実／病児保育 (2) ／認可の保育所の一時保育が常にいっぱいで預けることができないので、一時保育のできるところを増やして欲しい／親のリフレッシュ（おけいこ等）の時間、その場で預けられると良い／他市在住でも一時預かりしてほしい／子どもに障害があるので一時保育を利用しにくい．就労をしたいので障害児預かり（日中一時支援）があると助かります（小学校や大きい子どもでも）
遊び場・居場所 (7)	集会場での子育てサロンを月1回でなく週1回にして欲しい／もっといろんな場所に子育て支援の広場が欲しいです／子育てサロンは月1ペースでしかないので、もっとママが集まれる場が欲しい／ここの子育てセンターのような広さのある遊び場がたくさんあるといい／会議室の無料開放．子どもが通っている自主保育グループでは（中略）子どもを含め大人数で遊ばせながら集まれる場所がなく、屋外で集合している／保育園での未就園児の会・地域の育児サロン／乳児が遊べる所をもう少し増やして欲しい
講座・イベントの充実 (4)	子どものみで遊べる講座／外や室内での身体を使ってあそぶイベントを増やして欲しい／子どもの救命方法の指導／年齢別の体操など
その他 (2)	2人目からは料金半額などになると助かります／保育園・幼稚園の園庭開放やイベントなどの情報を一括し見ることができると良い

資料：アンケート調査より作成．

が提供されていることに対する言及がみられた。他方、当施設でほしいサービスとして、設備面での改善（外で遊べるスペース、飲食スペース、遊具等）が5件あったほか、予約なしで一時保育を利用できること (4件)、夜間・休日の一時保育 (4件) など、一時保育に関する要望が挙げられた。

地域の保育環境に関する要望 (表6-2) では、保育サービスの拡充に関する内容 (8件) と、親子の居場所や遊び場に関する内容 (7件) がほぼ同数であった。居場所や遊び場については、「ここの子育てセンターのような広さのある遊び場がたくさんあるといい」「子どもが通っている自主保育グループでは（中略）子どもを含め大人数で遊ばせながら集まれる場所がなく、屋外で集合している」など、子連れで利用できる場所の不足を示す要望も多くみられ、当施設のような子育て支援施設拡充のニーズが高いことがわかる。

また、保育サービスについての満足度では、認可保育所の定員増、病児保育の充実、予約なしで預けられる一時保育、障害児保育等、保育の量的拡大のみならず、病児や障害児など既存の認可保育所では充足され

にくいニーズが挙げられている。行政への要望を記入する自由記入欄をみると、保育サービスに関する要望がさらに多く、記入のあった 25 世帯のうち 10 世帯（40.0％）が認可保育所の不足解消や入所要件の見直しを要望するものであった。たとえば、「保育園に入れる子どもが少なく、復職を断念する人が多いので保育施設を増やしてほしい」（WM）、「保育園を増やしてもっと入りやすくして欲しい。働いてない母親でも子どもを保育園に入れさせて！　仕事が探しやすくなるから」（専業主婦）、「春日井市は今春待機児童ゼロとうたっていながら、実際は（3歳）未満児は入園しにくい。数字上、形だけ整えないでちゃんと入園できるようにしてください」（専業主婦）のように、現時点で専業主婦であっても認可保育所の拡充やサービスの柔軟性が確保されれば利用したいと考えている世帯があることがわかる。

5　「都市空間のジェンダー化」の先に

　本研究では、名古屋大都市圏郊外の高蔵寺ニュータウンにおいてNPO法人が運営する子育て支援施設を対象に、供給の経緯や利用の実態を明らかにしてきた。非共働き世帯を対象とした地域子育て支援拠点事業は保育の多様化の一環として、NPO法人を含む多様な主体により供給・運営されている。NPO法人を中心に運営者同士のネットワーキングや情報交換を行う団体（「ひろば全協」）も組織されており、加盟団体は大都市圏郊外に多く分布している。

　本事例における子育て支援施設の需給の背景について、図6-7 に整理した。対象となった子育て支援施設の運営者は、もともと家庭と仕事の両立困難から出産を機に退職した母親であり、地域での育児仲間との子育て支援活動を経てNPO法人となった。また、当施設の実施場所は、URの協力によって商業施設の空きスペースが提供されたものである。行政は、子育て支援施設の開設や一時保育サービスの供給を後押ししている。これらの背景には、国の少子化対策や子育て支援拡充の社会的要請のみならず、郊外固有の地域的文脈が影響している。すなわち、運営の担い手という点では、出産・結婚によって退職し地域活動に自ら参入

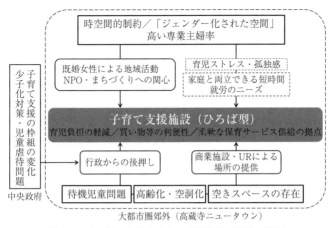

図6-7　本事例における子育て支援施設の需給の背景
資料：筆者作成。

する活発な既婚女性が貢献した。さらに、場所を提供したURや商業施設と、施設整備および一時保育サービスの供給を決定した行政は、高齢化・空洞化にともなう空きスペースの存在と、専業主婦が多く多様な保育ニーズへの対応が求められる地域課題を認識していたと考えられるのである。

　当施設のサービスは、郊外の専業主婦と働く母親の双方にとって重要な役割を果たしている。利用実態に関するアンケート結果によれば、専業主婦が中心だが働く母親にも利用されており、親子の友人作りや育児ストレスの解消など育児の情緒的サポートを目的に、週数回から月数回程度の利用がなされている。さらに、当施設の独自サービスである一時保育は、ゼロ歳児を預けられる点や開所時間の長さが高い評価を得ている。一時保育は同市内の認可保育所でも提供されているが、保育時間が短く定員も不足しがちである。これは、認可保育所において一般に通常の保育園児の迎え時間と重複する時間帯の一時保育は敬遠されがちで、スペースや人員の制約から定員の拡充が難しいためである。

　加えて、当施設の一時保育では、専業主婦の非定形的な利用のみならず、働く母親の準日常的な利用がみられた。特にパートタイムで働く母親は、親族サポートや他の保育サービスと当施設の一時保育の組み合わ

せによって、就業を可能にしている。出産によって退職した女性は、正規雇用での再就職先の乏しさや家庭との両立を考慮して週数回の就労や短時間就労を選択する場合が多いが、認可保育所ではフルタイム就労の世帯よりも入所の優先順位が下がるため、パート就労世帯は入所しづらい傾向がある。そのため、特にパートタイム就労の母親にとって、親族サポートや他のサービスと組み合わせて利用できる一時保育は重要な役割を果たす。地域の保育サービスに関する要望では、親子の居場所となるような施設の拡充とともに、認可保育所の整備やサービス利用の柔軟性が求められており、就労や保育への潜在的な需要が大きいことがうかがえる。地域子育て支援拠点において一時保育の実施は必須でないものの、スペースが十分にある場合や利用者からのニーズが強い場合に実施している施設は少なくない。既存の保育所等で柔軟性が担保されづらいこうしたサービスにおいて、実施拠点としての子育て支援施設の役割は大きい。

　このように、本事例は、郊外における既婚女性の地域活動を母体とした運営、URによる商業施設空きスペースの提供を基盤として、専業主婦の育児負担軽減を実現しているのみならず、郊外固有の多様な保育ニーズを担う柔軟なサービスの供給拠点となっている。また、本事例でみられたような商業施設空きスペースを活用した拠点整備は、利用者の買い物の利便性を高めると同時に、子育て世帯による商業施設の利用と地域活性化に寄与することが期待される。ただし、本研究では主に施設運営者と利用者への調査を中心に行ったため、周辺の商業施設や地域活性化への影響を調査していく必要がある。また、東京大都市圏や大阪大都市圏の郊外地域における比較調査や、NPOとそれ以外の主体によるサービス内容や運営・利用の実態を精査し、本事例で得られた知見の一般性と妥当性を考察する必要があるだろう。

注
1) 厚生労働省ホームページ「平成24年度　地域子育て支援拠点事業実施箇所数」による。http://www.mhlw.go.jp/bunya/kodomo/dl/24jokyo.pdf
2) 国立社会保障・人口問題研究所（2008）が行った全国調査では、育児期の妻（30

歳代前半）のうち63.2%が親族と30分未満の距離に住んでおり、人口集中地区でも妻方・夫方いずれかの親族と30分未満の距離に住む者が37.6％、37.9％を占めている。

7章

ローカルなニーズ、
ローカルなサービス❶

――地方温泉観光地の長時間保育事業の取り組み

保育ニーズには、地域にかかわらず発生するニーズと、地域特性に応じて特定地域で顕著にみられるローカルなニーズがある。また、それに対応したサービス供給のあり方も地域特性によって多様である。2章で確認したように、保育サービスの需要や供給には地域差がある。保育の供給体制の地域差には、田中（1999）にならえば、自治体の財政力の違いや（Bennet 1982）、支持政党の違い（Pinch 1987）、福祉政策の歴史的過程の違いや住民属性による保育文化の違い（Fincher 1991；Holloway 1998）などの要因がある。

　では、ローカルなニーズへのローカルな対応は、どのように実現されてきたのだろうか。また、そうした対応の難しさや問題点はどのようなところにあるのだろうか。7章と8章では、地域的背景から固有の保育ニーズが顕在化した地域において、行政や民間主体が先進的な対応をとってきた事例をみていくことにしたい。

　特に、保育時間や保育年齢など、サービスの質的側面に対応する延長保育や乳児保育、学童保育などは、認可保育所にくらべ制度化や量的拡充が遅かったために、その導入や発展の経緯に対する地域的背景が強く作用しうる。こうした保育サービス供給がどのような地域的背景によって生じるのかを明らかにすることは、政策としての子育て支援を地域において有効に機能させるうえで、きわめて重要である。

1　女性の働き方の地域差と保育ニーズ

　地理学分野以外でも、保育サービスの需要や供給状況について、地域的な差異を理解しようとする研究には一定の蓄積がある（矢澤ほか2003；岩間2004など）。なかでも、前田（2004）は、人口10万人以上の自治体の保育サービスの供給状況や待機児童数から、次のような需給バランスの地域差を指摘した。これによれば、大都市都心は保育サービスの供給は少ないものの、出生率が低く子どもが少ないため結果的に保育状況がよくなっている地域として、大都市圏郊外は働く母親の比率は低いが保育供給が少なく同居率も低いため供給不足が深刻化している地域として、それぞれ理解される。一方、地方都市は保育の供給が比較的十分

にある地域、地方農村は供給が十分ではないが同居率の高さがサービス供給を補完している地域とみなされる。前田の提示した枠組みは、より正確な現状理解に向けた分析枠組として評価できる。特に、大都市内部における都心と郊外の需給バランスの不均衡については、地理学分野で分析が進められてきた研究蓄積とも符合する（杉浦・宮澤 2005 など）。

しかし、前田のモデルでは、女性就業の内容、すなわち女性の働き方が地域によって異なることは考慮されていない。後述するように、女性が多く就業する職業は地域によって異なり、ある地域において集合的にあらわれる職業や働き方には違いがある。それらは、地方都市や地方農村であっても一様ではない。女性の働き方の地域差は、勤務時間や通勤時間の差異を通じ、長時間保育サービスなどといった保育ニーズの質的な違いを生じさせうる。サービスの量的拡充のみならず、ニーズの質への対応が求められる現状において、保育サービス需給の実態とその背景をより正確に理解するためには、働き方の地域差を考慮に入れた分析が必要である。

本章では、女性就業において販売・サービス職業の卓越する地方温泉観光地を事例として、長時間保育サービスの供給構造とその地域的背景を明らかにする。地方温泉観光地では、長時間保育へのニーズが、より先鋭的にあらわれると考えられるためである。対象地域は、石川県を代表する温泉観光地である和倉温泉の立地する石川県七尾市とし、サービス供給主体（企業、市、保育所運営者）への聞き取り調査と、利用者へのアンケート調査を行った。

2 日本における延長保育の概況

本論に入る前に、長時間保育に関する国の政策の経緯を確認しておく。元来、児童福祉法に準拠した保育所保育指針においては、「保育に欠ける」子どものデイケアとしての全日保育は8時間を原則としており、概ね8時から16時までの保育時間が一般的であった。しかし、1970年代後半以降、保護者の就労形態の多様化や長時間通勤、勤務時間の延長・多様化が生じ、保育ニーズも多様化したことから、81年に延長保育特

表 7-1　延長保育費用負担の算定項目

算定項目	前年度の評価ポイント	1日あたりの利用児童数
基本保育分	23.0	-
30分延長	1.5	1人以上
1時間延長	7.0	6人以上
2〜3時間延長	11.0	3人以上
4〜5時間延長	23.0	3人以上
6時間以上延長	27.0	3人以上

注：合計ポイントに約10万円を乗じた金額が国から市町村へ交付され、市町村はそれと同額を上乗せして各施設へ補助する。
資料：七尾市提供資料より作成。

別対策事業が開始された。ただし、このとき保育単価加算が実施されたのは、19時までの延長保育実施保育所であった。さらに、1991年には22時までの「長時間保育」が加えられ、94年のエンゼルプランを経て、従来の延長保育と長時間保育を含む「時間延長型保育サービス事業」として再編成された。その後も長時間保育へのニーズは高く、1999年の新エンゼルプランでは、「延長保育等促進基盤整備事業」において、保育所が自主的に長時間保育の受け入れ態勢を整え、それにかかる人件費を行政が補助することが定められた。

　保育時間11時間を超えて延長保育を実施する認可保育所の運営費用は、国と市町村から助成され、国と市町村の負担割合は1：1である。延長保育・長時間保育にかかる費用の公的負担の算定基準について、表7-1に示す。延長保育・長時間保育に対する公的補助を受けるためには、通常の保育時間に基準より1人多く保育士を配置する必要がある。さらに、延長時間帯は、対象児童数の人数に応じて職員が配置されるが、最低2人以上の保育士の配置が必要となるため、延長時間に応じてそれぞれポイントが加算される。この加算ポイントの合計に約10万円を乗じた金額もしくは運営費用の半額のいずれか低いほうが、国から市町村に交付される。市町村は、これに同額を上乗せした金額を各施設へ助成する。なお、前年の利用実績の平均が3人に満たない場合、ポイントは得られない。

　2005年における延長保育の実施率は、以下のとおりである。全認可

表 7-2　20 時以降の延長保育実施施設数の割合

都道府県				政令市・中核市			
順位	都道府県	20時以降延長比率（%）	保育所総数（ヶ所）	順位	市	20時以降延長比率（%）	保育所総数（ヶ所）
1	東京	7.1	1,651	1	奈良	11.6	43
2	神奈川	6.1	871	2	横浜	11.4	370
3	奈良	4.6	194	3	函館	8.2	49
4	滋賀	3.3	239	4	さいたま	7.1	112
5	長崎	3.0	437	5	宇都宮	6.2	65
6	石川	2.8	390	6	福岡	6.0	166
6	大阪	2.8	1,150	7	船橋	5.9	51
8	宮崎	2.7	405	8	宮崎	5.5	110
9	千葉	2.6	686	9	長崎	5.1	98
9	島根	2.6	265	10	名古屋	4.7	278
10	広島	2.4	619				

資料：厚生労働省「平成 17 年　社会福祉施設等調査の概況」より作成。

　保育所 2 万 2624 ヶ所のうち 1 万 4050 ヶ所（62.1%）が延長保育を実施しており、特に私営施設での実施率は 1 万 872 施設中 9001 ヶ所（82.8%）と高い。一方、12 時間以上開所の施設は、2001 年から 2005 年にかけて 880 ヶ所から 1625 ヶ所へと増加したが、それは全認可保育所の 7.2% にすぎない。また、実施における公営施設と私営施設の格差も大きい。2001 年から 2005 年の期間における 12 時間以上開所施設数の推移は、公営で 97 ヶ所から 154 ヶ所、私営では 793 ヶ所から 1471 ヶ所で、この期間の増加分の多くは私営施設によるものである。2005 年現在における実施率は、公営施設 1.3%、私営施設 13.5% と格差が著しい。以上から、延長保育実施の施設は全体の 6 割を占めているものの、12 時間以上の長時間保育を実施している施設は少ないこと、また、特に長時間保育における私営施設の比率が高いことが確認できる。

　さらに、送迎負担の点から、より問題となるのは閉所時刻である。厚生労働省『平成 18 年　社会福祉施設調査』によれば、全国的に最も割合の高い閉所時刻は、「18:01～19:00」の 61.8%、次いで「19:01～20:00」の 14.1% となっている。しかし、より遅い 20 時以降の施設は、全体の 2.0% である。また、その供給状況には地域差がある。表 7-2 は、20 時

時刻	7	8	9	10	11	12	13	14	15	16	17	18	19	20	21	22
仕事内容	出勤	朝食準備・配膳		見送り片付け		休憩			出迎え・夕食準備・配膳					後片付け清掃		帰宅

図7-1　旅館客室係の勤務時間と仕事内容
注：午後の仕事の合間に、適宜休憩をとる。
資料：全国社会保険労務士会連合会（1985）より作成。

　以降閉所施設の比率を都道府県および政令市・中核市別に集計したものであるが、都道府県別では、東京や神奈川、大阪や奈良など、大都市圏とその周辺を含む都道府県の比率が高い。また、政令市・中核市においても、同様の傾向がみられる。
　このような供給状況の地域差には、前述のとおり様々な要因が影響している。なかでも、早朝や夜間に及ぶような職種に就く女性が多い地域では、延長保育や長時間保育への需要が生じやすい。特に、シフト勤務をとる場合が販売・サービス職では、保育所の基準保育以外の時間帯での保育需要が高まりやすい。大都市圏では、販売・サービス職の需要に加え、通勤時間の長さや民間企業での労働時間の長さが影響して、延長保育の需要が高まっていることが推察される。他方、地方圏でのなかでも、温泉観光地のように観光業が主な産業であるような地域では、女性の販売・サービス職が多くみられ、延長保育や長時間保育の需要が生じやすい。
　温泉旅館における客室係は、9時から17時までといった基本的な勤務時間とは大きく異なる勤務時間が求められるからである。図7-1は、一般的な客室係の勤務時間を示したものである。7時頃からの朝食配膳準備と昼前の見送り、後片付けを経て、11時頃から数時間の休憩がある。その後、15時頃から出迎えと夕食の準備、配膳後の後片付けを行い、早くとも帰宅は21時となる。これらの就業者の保育ニーズは、通常8時から16時の基本的な保育時間ではもちろん、18時台から19時台までの延長保育でも充足されえない。こうした客室係を中心としたサービス職就業女性の長時間保育ニーズがまとまってあらわれるのが、温泉地・観光地であるといえる。

3 七尾市における長時間保育ニーズへの対応

(1) 対象地域の概要と公的保育サービス

　石川県七尾市は石川県北東部に位置し、2005年現在、人口6万869人を有する能登地域の中心的都市である。2004年10月1日に、旧七尾市が能登島町・中島町・田鶴浜町と合併し、現在の市域となった(図7-2)。七尾市の中心市街地はJR七尾線七尾駅前で、その北部に、山代温泉に続く石川県第二の温泉地である和倉温泉地区が位置する。産業別従業者数では、「サービス業」「飲食店・宿泊業」が全体の25.4%を、女性の職業別従業者数では、「販売・サービス職業」が32.0%を占める。ただし、七尾市において販売・サービス職業の比率が高まったのは70年代後半以降と比較的新しい。別府市や熱海市では、1965年の段階で、15～60歳女性の半数以上が販売・サービス職業に就いていた一方で、七尾市の女性の販売・サービス職業比率が全国平均を超えるのは1975年以降である。一方、6歳未満の子どもがいる世帯の三世代同居率は36.2%で、石川県全体の23.6%、全国の15.1%に比較して高く、核家族世帯率は57.3%で、石川県全体の72.6%、全国の81.2%に比較して低い。また、6歳未満の子どものいる母子世帯は3.1%と石川県平均2.3%より若干高い。

　次に、七尾市における未就学児を対象とした保育サービスの概要を確認しておく。七尾市では、2006年度時点において、未就学児の預け先として、認可保育所30ヶ所、トワイライトステイ(以下、トワイライト)2ヶ所がある。トワイライトとは、一時的または夜間・休日に親が不在で児童の養育が困難な場合に利用することのできる施設で、0歳から小学校3年生までの児童が最大18時から翌朝8時までの保育サービスを受けることができる。なお、2006年時点において七尾市内に認可外保育所はなかった。

　認可保育所30ヶ所のうち、市立保育所は8ヶ所(認定こども園を含む)、私立保育所は22ヶ所である。保育所定員2545人で、市内の0～5歳人口(2005年現在2858人)の約9割をカバーしている。一方、幼稚園は公私立あわせて4ヶ所あり、利用児童数は136人である。また、2008年度

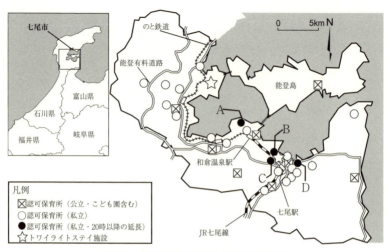

図7-2 対象地域の概要と保育施設の分布
注：企業内保育所・事業所内保育所を除く認可外保育所は届出がされていない。
資料：七尾市提供資料により作成。

の「全国市区の行政比較調査」（日本経済新聞社産業地域研究所 2009）によれば、七尾市における未就学児100人あたりの七尾市認可保育所定員数は93.1人で、石川県市部平均の67.6人を上回り、回答した全国746市区のなかでも2番目に高い値であった。さらに、延長保育はすべての保育所で実施されており、20時以降の延長保育が提供されている保育所は4ヶ所ある。これは、比率にして保育所総数の13.8%にあたり、石川県全体の平均2.5%と比較しても、きわめて高い実施率である。以上より、七尾市は認可保育所の供給および延長保育のサービス水準が高い地域であるといえる。

七尾市における認可保育所とトワイライト施設の分布を図7-2に示した。認可保育所は市街地と北西部に集中している。市街地への集中には、1970年代から80年代にかけての保育ニーズの高まりに対し、社会福祉法人など行政以外の主体による保育所が就業地に近い市街地に集中して設置され、それらが私立認可保育所として残存している背景がある。北西部は合併前の旧中島町の範囲にあたる。旧中島町では小学校区単位での保育所設置が計画されたことから、現在の立地は小学校の立地に依存

している。また、20時以降の延長保育実施施設は和倉地区と七尾駅前の市街地に立地しており、トワイライト施設は、七尾駅前の市街地と北部に立地している。

（2）企業による対応

　前節でみたとおり、七尾市では販売・サービス職業に就く女性の割合が高く、延長保育ニーズが顕在化しやすい状況にあった。こうしたニーズに対し、いち早く対応したのは、豊富で安定的な女性労働力を必要とする旅館であった。

　企業内保育所を有するa旅館は、創業1906年、資本金5760万円、従業員数660人（うち女性355人）で、旅館収容人員1400人、総客室数245の規模をもつ。同社は、業界紙である旅行新聞新社による「プロが選ぶ日本のホテル旅館100選」では27年間連続1位に選ばれており、主要観光雑誌や旅行会社の旅行プランに取り上げられるなど、全国的に知名度が高く、和倉地区のみならず北陸地方を代表する温泉旅館である。従業員660人のうち、客室係は208人いるが、その9割以上を女性が占める。

　a旅館では、客室係特有の勤務時間と県外出身者の多さから、保育時間の問題で地域認可保育所に子どもを預けられず、祖父母の支援を受けることもできない客室係に対し、企業内託児所を設置することが検討された。1977年には、従業員寮の一室に従業員向けの託児所が設けられた。その後の旅館拡張の際、より質の高い労働力の確保と定着を企図した経営側の判断で、1986年に企業内保育所付きの母子寮が建設された。

　旅館から徒歩5分程度の位置に立地する企業内保育所では、約18時間の保育時間と食事・入浴、学童保育が提供されている（図7-3、表7-3）。2007年現在における利用数は、乳幼児・学童を含め29人であった。1989年時点では70人程度の利用があり、近年は少子化や不況による影響で利用児童数は減少しているが、閉鎖の予定はない。保育所の運営には年間約3000万円がかかり、厚生労働省の外郭団体である21世紀職業財団の年間約360万円の補助以外は自社負担である。経営側は、企業内保育所が「客室係が子どものことを心配せず、a旅館のおもてなしを正しく守った接客」の定着に対し、一定の効果をもつと考えている。

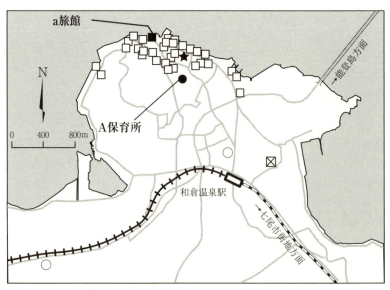

□ 旅館・ホテル　★ a 旅館企業内保育所
⊠○● 認可保育所（⊠公立、○私立、●20時以降延長）

図 7-3　和倉地区における保育施設の立地
資料：七尾市提供資料により作成。

表 7-3　a 旅館企業内保育所の概要

運営	直営方式。保育士も a 旅館が雇用
年間経費	約 3,000 万円
公的補助	21 世紀職業財団より年間 360 万円
保育時間	6:00 〜 23:45
定員	71 人
保育料（月額）	1〜5 歳：34,000 円、小学生：27,200 円、2 人目は半額（1 日 3 食・入浴込）

資料：聞き取り調査より作成。

4　延長保育サービスの定着プロセス

　前節では、販売・サービス職業の卓越する七尾市において、地域を代表する a 旅館が、良質で安定的な労働力確保のために、早い段階で長時間保育ニーズに対応した企業内保育所を設置したことを述べた。しかし、

一企業のみでは充足されえない長時間保育ニーズは、地域においてどのように対応されたのか。前述のとおり、七尾市の私立認可保育所では、20時以降の延長保育を導入している施設が多くみられる。市内の認可保育所において20時以降の延長保育が導入されたのは、いかなる経緯によるのだろうか。本節では、深夜の延長保育を実施する認可保育所でのサービス利用の現状と導入の経緯について検討する。

(1) 公的保育サービスの利用の現状

まず、保育サービスおよび延長保育サービスの利用状況をみておく。2007年4月現在、未就学児童数は2701人で、そのうち2043人が保育所に入所している。七尾市において、延長保育の延利用者数は年間3万5367人で、そのうち3万421人（86.0%）が19時台までの利用である。その一方で、22時台以降までの延利用者が2105人（5.9%）ある。また、トワイライトの利用状況を図7-4に示した。七尾市によれば、トワイライトの利用者数は、事業の周知にともない年々増加してきており、利用者には母子家庭、飲食店勤務者が多いという。

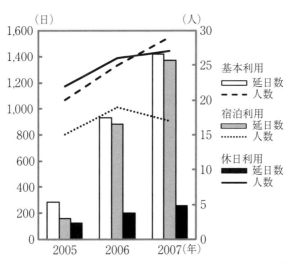

図7-4　トワイライト事業の利用者数
資料：七尾市提供資料により作成。

表 7-4　アンケート調査の概要

配布日	2007/10/22			
回収日	2007/10/26 ～ 11/2			
配布・回収方法	施設職員を通じ配布・回収			
保育所	利用世帯数	配布数	回収数	回収率（％）
A	94	83	60	72.3
B	109	109	88	80.7
C	90	90	76	84.4
D	126	123	114	92.7
計	419	405	338	83.5

　七尾市において 20 時以降の延長保育を提供する保育所は 4 ヶ所あるが、これらの施設の利用者層と利用実態を明らかにするために、アンケート調査を実施した（表7-4）。

　利用世帯の家族構成は、核家族世帯 58.6％、単親世帯 8.0％、三世代同居世帯 32.2％、その他 1.2％であった。前章に示した七尾市の平均と比較すると、核家族世帯はほぼ同率で、三世代同居世帯は若干低く、単親世帯の利用率が相対的に高い。次に、利用者の保育所へのアクセスについて尋ねた。利用者の 92.0％が通勤に自家用車を利用しており、自宅から職場までの時間距離は平均 14.5 分、自宅から保育所の時間距離は 8.1 分であった。また、保育所へ迎えに行くのは、「母親」が全体の 8 割を占め、次いで祖父母（12.6％）が多い。

　延長保育の利用頻度は以下のとおりである（表7-5）。回答の得られた 335 世帯のうち、「ほとんど利用しない」世帯が 164（46.2％）で、「ほぼ毎日利用する」世帯が 80（23.9％）と次に多かった。「週に数回」と「月に数回」と回答した世帯はそれぞれ 48（14.3％）、43（12.8％）であった。延長保育を何らかの頻度で利用する世帯は 171 世帯だが、そのうち、20 時より前までの利用者が 151 世帯と約 9 割を占める。20 時以降の利用世帯 15 のうち、「週に数回」が 8 世帯と最も多く、「ほぼ毎日」が 4 世帯、「月に数回」が 3 世帯であった。

　家族構成別に延長保育の利用状況をみると、核家族世帯 98（50.0％）、単親世帯 21（77.8％）、三世代同居世帯 50（45.9％）となっており、三世代

表7-5 延長保育利用と家族構成

延長頻度		延長時間	回答	家族構成			
				核家族	単親	三世代同居	その他無回答
延長保育を利用する	ほぼ毎日	〜20時	74	40	9	25	0
		20〜22時	2	0	2	0	0
		22時〜	2	2	0	0	0
		無回答	2	1	0	1	0
		計	80	43	11	26	0
	週に数回	〜20時	38	25	2	11	0
		20〜22時	3	1	1	1	0
		22時〜	5	1	2	1	1
		無回答	2	2	0	0	0
		計	48	29	5	13	1
	月に数回	〜20時	39	22	5	11	1
		20〜22時	3	3	0	0	0
		22時〜	0	0	0	0	0
		無回答	1	1	0	0	0
		計	43	26	5	11	1
	利用者全体	〜20時	151	87	16	47	1
		20〜22時	8	4	3	1	0
		22時〜	7	3	2	1	1
		無回答	5	4	0	1	0
		計	171	98	21	50	2
ほとんど利用しない			164	98	6	59	1
合計			335	196	27	109	3

注：利用頻度に対する「無回答」3を除く。
資料：アンケート調査より作成。

同居世帯であっても相当な割合で延長保育利用がみられることがわかる。ただし、20時以降の利用世帯15のうち、三世代同居世帯は2のみで、核家族世帯7、単親世帯5に比較して少ない。さらに、延長保育の利用頻度と延長時間を職業別に示した（表7-6）。20時以降の利用者14のうち、旅館勤務者が7と半数を占める。また、そのほかの職種では、販売、飲食店、自営業、看護・介護が含まれており、就業時間が夜間に及ぶケースで生じる保育ニーズへの受け皿となっていることが確認できる。

表7-6 延長頻度と利用者の職業

延長頻度	延長時間		回答	職業						
				販売	旅館	飲食店	自営業	看護・介護	事務・教員公務員	その他無回答
延長保育を利用する	ほぼ毎日	〜20時	74	8	3	3	0	14	22	24
		20〜22時	2	0	2	0	0	0	0	0
		22時〜	2	0	1	1	0	0	0	0
		無回答	2	1	0	0	0	0	1	0
		計	80	9	6	4	0	14	23	24
	週に数回	〜20時	38	4	0	2	2	9	10	11
		20〜22時	3	2	1	0	0	0	0	0
		22時〜	5	0	3	0	0	1	0	1
		無回答	2	1	0	0	0	1	0	0
		計	48	7	4	2	2	11	10	12
	月に数回	〜20時	39	2	5	5	0	6	8	13
		20〜22時	3	0	0	0	3	0	0	0
		22時〜	0	0	0	0	0	0	0	0
		無回答	1	0	0	1	0	0	0	0
		計	43	2	5	6	3	6	8	13
	利用者全体	〜20時	151	14	8	10	2	29	40	48
		20〜22時	8	2	3	0	3	0	0	0
		22時〜	7	0	4	1	0	1	0	1
		無回答	5	2	0	1	0	1	1	0
		計	171	18	15	12	5	31	41	49
ほとんど利用しない			164	19	3	6	8	24	42	62
合計			335	37	18	18	13	55	83	111

注:利用頻度に対する「無回答」3を除く。
資料:アンケート調査より作成。

(2) 延長保育サービス導入の背景

①地域による対応

　旅館勤務者の間で発生する夜間の保育ニーズへのフォーマルな対応として、現在確認できる最も古い対応は、和倉温泉の旅館組合が設置したA保育所による深夜の延長保育である。A保育所は、社会福祉法人「和倉温泉福祉会」による私立認可保育所である。「和倉温泉福祉会」は、

和倉温泉に立地する旅館・ホテルの経営者と和倉地区の寺社が主要なメンバーとなり、1973年に設立認可された。1974年にA保育所が開設され、生後8ヶ月から3歳までの児童を対象に、24時までの保育サービスが提供された。設立の根拠としては、「和倉温泉地区は…児童の保育に困難をきたしている家庭が多くなつており、旅館従業員のうち約50名の母子家庭があり、その殆どは個人家庭に委託している現状でその他婦人就職希望者の就職を困難にしている理由となつている」(和倉温泉福祉会「設置認可申請書」より、原文ママ)とあり、特に旅館従業員の就業継続を目的としていたこと、A保育所設立以前には地域の個人宅でインフォーマルな形での託児が行われていたことがわかる。1996年には、公立保育所との統合を契機に保育時間は22時までとなり、2007年現在、生後2ヶ月から学齢期の児童が利用することができる。

　B保育所(1972年開設)もまた、温泉地におけるサービス職に就く世帯を考慮して延長サービスを導入した保育所である。B保育所は1984年以前には3歳未満児のみを対象とした私立保育所であったが、1984年に近隣の3歳以上児対象の公立保育所と統合し、乳児から未就学児までを対象に再設立された。設立当時は19時までの保育時間であったが、1994年に、利用者のニーズにこたえ24時までの延長保育を導入した。聞き取り調査によれば、和倉地区へ通う客室係に加え、七尾市街地に近く飲食店で働く母親の利用があること、近隣の総合病院で院内保育所が閉鎖されたことを背景に、延長保育に対するまとまったニーズがあったという。

　以上のA保育所およびB保育所では、旅館や飲食店等に勤務する世帯を明確に対象としている。これら保育所への利用者アンケートでは、深夜の延長保育利用者に複数の旅館・飲食店勤務世帯が含まれている。A保育所で回答を得た60世帯のうち、13世帯が旅館等および飲食店に勤務しているが、20時以降の延長サービスを利用している3世帯はすべてこれに含まれている。また、B保育所で回答を得た88世帯のうち、8世帯が20時以降の延長サービスを恒常的に利用しているが、そのうち4世帯は旅館等および飲食店勤務である。さらに、これらの職業に就く世帯は、いずれも22時以降まで利用しており、他の職業に就く世帯よ

り延長時間が長かった。

一方、七尾市内で20時以降の延長保育を実施している残りの2ヶ所の保育所（C保育所、D保育所）の場合、その導入の経緯は異なっている。

C保育所は、1974年の開設時には18時までの保育時間であったが、1983年に19時まで、91年に20時までに延長時間を拡大し、2004年には午前1時、2007年には午前2時までの延長保育サービスを提供するようになった。D保育所は1975年に開設されたが、当初の閉所時間は16:30であった。その後、1983年に18:30、85年には21時へと保育時間を拡大した。2000年には市内の主要企業・事業所へのアンケート調査を実施し、最もニーズの高かった22時までに拡大した。さらに2005年には近隣の院内保育所の閉鎖にともない、午前2時までの保育を実施している。これら保育所の保育時間延長の背景として共通するのは、いずれも「利用者の要望にあわせて延長保育を拡大してきた」ことであり、旅館や飲食店の勤務世帯を明確に意識したわけではない。実際の利用者をみると、C保育所では20時以降の延長保育を利用する世帯が4世帯あるが、そのうち旅館勤務が1世帯である。一方、D保育所への聞き取り調査によれば、看護職の利用が主で、旅館等に勤務する世帯は数ヶ月に1～2回の頻度で利用する程度であるという。

②行政の対応

七尾市では、1970年代から80年代にかけて、第二次ベビーブームと女性就業率の上昇により保育ニーズが高まりをみせた。この時期に、七尾市では待機児童が増加したが、市は個人や町内会などが設立した私立保育所を認可保育所に認定することで対応してきた。深夜までの延長保育に対しても、私立保育所によるサービス導入に対し、地域的ニーズが認められる場合には、公的サービスとして積極的に支援する姿勢をとってきた。

A保育所の開設にあたって、社会福祉法人化と認可化には行政による後押しがあり、国による長時間保育補助制度の導入後は直ちに、それを利用した財政補助が開始された。また、B保育所についても、延長保育分の補助金が給付されている。当時の担当者への聞き取り調査によれば、

A保育所が立地する和倉地区では、温泉地で旅館客室係を中心とした夜間の保育ニーズが古くから存在しており、またB保育所は、旧市街地で飲食店が多いため長時間保育のニーズが高いと判断されたため、この2施設については延長保育の補助対象とすることが決定されたという。一方、C保育所とD保育所については、利用者が継続的に発生しているわけではないこと、旅館勤務者や飲食店勤務者などの利用者がさほど多くないことに鑑み、夜間までの延長保育の補助対象とはならなかった。

　また、トワイライトが公的サービスとして導入された背景は、以下のとおりである。2004年1月に近隣の総合病院の院内保育所の閉鎖を受けて、私立保育所が病院からの委託を受けて夜間保育を開始した。市はこうした実態を受け、同年、夜間保育のニーズについて各保育所に問い合わせた。その結果、市内に一定のニーズが認められたため、「児童福祉の観点から、行政が責任をもって実施していくことを検討する」との方針を決定した。2005年3月まで、上記の夜間保育は私立保育所の独自事業として実施されていたが、同4月には市の事業「トワイライトステイ」として、市内の乳児園および養護施設で開始された。それにともない、当該保育所での夜間保育事業は終了した。

　2008年当時の七尾市における保育関連歳出は約2億4000万円で、これは民生費（約6億6000万円）の36.3％にあたる。また、保育関連歳出のうち、私立保育所の特別保育事業への補助額は約1億4000万円だが、そのうち半分以上を占める8800万円が延長保育事業への補助に使用されていた。

5　地域の基幹産業を背景とした保育供給

　本章では、サービス・販売職の卓越する地方温泉観光地として石川県七尾市を対象とし、夜間の延長保育サービスの導入・定着のプロセスを明らかにすることを目的とした。1970年代後半以降に高まった七尾市における長時間保育ニーズへの対応の経緯は、以下のように要約される（図7-5）。

　まず、七尾市の基幹産業である観光業のなかでも、温泉旅館として象

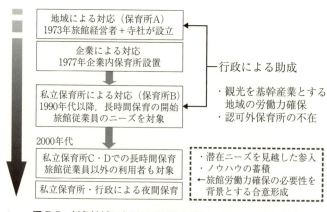

図7-5 対象地域における長時間保育サービスの充実と拡大
資料：筆者作成。

徴的位置にあるa旅館は、1970年代より質の高い労働力確保のために充実した企業内保育所を設置・運営してきた。調査時点では、21世紀職業財団からの資金補助を得ているが、設置・運営資金全体からみれば公的補助率は低く、労働力確保を目的とした企業の投資であるとみなされる。一方、1970年代初頭には、旅館組合や寺社が中心となり、地域の雇用維持のためにA保育所が設立され深夜までの延長保育が開始された。これに対し、市は保育所の社会福祉法人設立や認可化を支援したほか、国の延長保育補助の枠組みが整備されると同時に財政的補助を実施した。さらに、1970年代から80年代にかけて、第二次ベビーブームや女性就業率の高まりによって社会福祉法人等による私立保育所が増加するが、このなかのいくつかの保育所で、90年代以降、長時間保育サービスを提供する施設があらわれた。市は、市街地の飲食店や旅館での就業者による地域的ニーズが明らかにあるとみなされるB保育所に対しては財政的補助を実施したが、それ以外のC・D保育所は、保育所独自の事業として夜間保育を継続している。さらに2000年代以降、七尾市は地域の私立保育所が開始した夜間保育サービスを引き継ぐ形で、乳児園・養護施設での委託事業として夜間保育サービスの公的供給（トワイライト事業）を開始した。

このように、七尾市では、当初、温泉観光地における労働力確保を目

的としたニーズに対応するため、企業や地域の私立保育所が主導的に長時間保育サービスを導入した。これに対し、市は、それらの動きに追随する形ではあるが、積極的な支援や財政補助を行ってきた。その背景には、市が七尾市の地域経済を支える産業として観光サービス業とその労働力確保の重要性を認識してきたことが挙げられる。それは、旅館業に関係した販売・サービス職業に就く利用者を対象とした長時間保育を実施する保育所へは助成しているが、それ以外の保育所には助成していないことからも明らかである。もう一つの背景として、七尾市に認可外保育所がほとんどみられなかったことが挙げられる。公的補助のないベビーホテルや認可外保育所の経営を成立させるためには、一定の人口規模が求められる。地方都市のなかでも人口規模が小さく温泉地としても後発地であった七尾市では、認可外保育所が発達せず、長時間保育ニーズの受け皿として公的主体の介入が必須であったと考えられる。たとえば、人口約12万人を有し温泉観光地としての歴史が長い別府市では、2005年現在、認可外保育所が13ヶ所あり、うち4施設では24時間保育が行われており、人口規模や温泉観光地としての歴史の長さが認可外保育所の存立と一定の関係があることが推察される。

　さらに、1990年代以降には、それまでのニーズとは異なる利用者層を対象とした長時間保育サービスが、複数の施設で開始された。こうしたサービスの開始には、以下のような背景が推察される。従来の販売・サービス職業を対象とした保育所は、長時間保育サービスを行政の支援を受けながら定着させた。そのため、それ以外の保育所でも、地域内における長時間保育の潜在的ニーズを見越した長時間保育サービスへの参入が容易になった。一方で、行政内部においても、地域内の長時間保育に対し積極的に取り組む態勢やノウハウの定着から、トワイライトのような新しいサービスへの公的介入をスムーズに開始できたと考えられる。結果として、七尾市では、企業や私立保育所主導によるサービスの開始とそれに対する行政の支援という構造から、長時間保育サービスの公的供給が充実してきたと理解することができる。

　本章では、地方温泉観光地における長時間保育ニーズへの対応について、地域内の主体の関与とその背景について考察してきた。本章で得ら

れた知見は以下のとおりである。販売・サービス職業の卓越する地方温泉観光地において、企業、地域保育所、行政の各主体が長時間保育ニーズに対応していること、また、認可外保育所が十分に発達しないような規模の自治体である場合、特に行政の支援がその後の保育サービス供給の展開を決定する可能性があることが示唆された。

　また、本事例は、全国的な保育サービスをめぐる動向のなかで、以下のように位置づけられる。七尾市において夜間の延長サービスの開始が確認された1970年代後半から80年代は、全国的な保育所整備が一応の量的充足をみた時期であるとともに、保育時間や保育年齢などニーズの質的側面への対応の遅れが露呈した時期でもあった。しかし、夜間の延長保育に関する国家政策の開始は、1991年まで待たれなければならなかった。本事例は、ニーズの質的側面において国家政策の介入がなされなかった場合に、企業や地域社会、地方政府が地域固有の労働力ニーズを背景として、独自に保育サービスを導入していく実態を示したものとみなすことができる。さらに、こうした地域的文脈は、1990年代以降の少子化対策を背景とした子育て支援にかかわる国家政策拡充のなかで、地域における新たなサービスの定着を支えると考えられる。

　ただし、本章が対象とした七尾市は、地域を支えるほぼ唯一の基幹産業が温泉観光業であるがゆえに、保育ニーズおよび長時間保育ニーズは、地域全体で充足すべきニーズとして地域の合意形成が容易な事例であったといえる。地方温泉観光地のなかでも、域内に多様な就業構造をもつ地域では、各主体による対応のあり方と、結果としてあらわれる地域のサービス供給は異なるものになりうる。また、七尾市が温泉観光地として発展した時期は1970年代後半以降で、熱海市や別府市といった他の温泉観光地にくらべ新興であったことにも注意する必要がある。第二次ベビーブームを背景とした認可保育所整備が量的拡大を果たすのと同時もしくは直後に、それらの施設を基礎とした延長サービス拡充が実現した可能性があるからである。これら施設整備の時期と温泉観光地としての発展時期との関係も検討すべきであろう。

　さらに、温泉観光地における延長保育サービスは労働力ニーズに対応したものだが、近年では、主に過疎自治体において、若年人口の増加を

企図した保育サービス拡充や子育て支援の導入がみられる。こうした、労働力ニーズとは異なる人口獲得戦略としての保育サービス拡充や子育て支援サービスの導入も、地方都市における保育サービス拡充の背景として見逃すことができない。今後は、これらの可能性をより厳密に検討していくために、異なる条件にある他地域との比較によって、地域の各主体のふるまいとその背景、合意形成のプロセスに関する詳細な分析が加えられる必要があるだろう。

8章
ローカルなニーズ、ローカルなサービス❷
―― 工業都市川崎の地域変容と学童保育

地域の基幹産業は、労働力を確保し経済発展を支えるという意味においてローカルなニーズへの公的対応につながりやすい理由となる。前章で取り上げた七尾市では、ほぼ唯一の基幹産業が温泉観光業であるがゆえに、長時間保育が地域全体で充足すべきニーズとして域内の合意形成が容易であったと推察される。本章では、高度経済成長期に工場労働者の子どもへの学童保育を導入した川崎市を取り上げる。ここでは、前章と同様に、地域経済を支える産業を背景に先進的な取り組みがなされていくプロセスを紹介したうえで、地域の変化や域内のニーズ差が招く帰結について検討したい。

1　工業都市川崎の地域性と学童保育

　本章では、地域の質的保育ニーズと需要側の状況に注目しながら、現行の学童保育サービス供給に対し地域の構造変化がどのように関係していたかを検討する。大都市圏では、歴史的に早い段階で学童保育が自治体によって供給されており、地域の変化にともなう保育事業の変化を分析するのに適切である。具体的には、神奈川県川崎市を対象地域とする。川崎市では、2003年、全児童対策事業の導入とともに、40年間続けられてきた従来の学童保育事業が実質的に廃止されるという大きな制度的改変が行われた。また、川崎市は、1960年代以前には京浜工業地帯の中心地であったが、70年代以降には工業の後退と内陸部の住宅地開発によって地域特性が大きく変化した。保育サービスと地域の変化の関係性を論じる本章において、こうしたドラスティックな地域変容を経験した川崎市は、対象地域として好適である。

　全児童対策事業とは、大都市圏を中心に導入されるようになった自治体独自の事業で、定員や親の就業要件を設けず、すべての児童の放課後の居場所を提供する事業として注目されている。全児童対策事業は、1990年代以降、世田谷区、名古屋市、品川区、川崎市等で導入されてきたが、学童保育の待機児童を解消し、親の就業にかかわらず子どもの安全な居場所を確保できる方策として注目される一方で保育の質の低下も懸念された[1]。

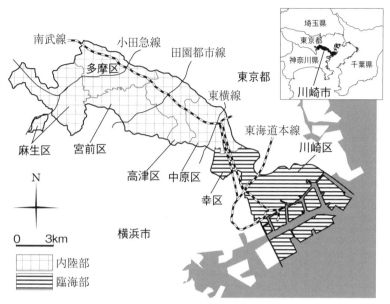

図 8-1　対象地域の概要
注：川崎区と幸区の境界は、東海道本線の線路の真下に位置する。

　川崎市は、2006年3月現在、人口約133万人を擁する政令指定都市であり、臨海部には京浜工業地帯の中心として大規模工場が立地してきたほか、近年では主要駅に各種商業施設も建設されている。東京都・横浜市と市内を連絡するJR・私鉄各線が敷設されており、内陸の一部を除いた市内ほぼ全域を人口集中地区が覆っている。同市は1972年に政令指定都市として五区制（川崎区・幸区・中原区・高津区・多摩区）をとり、82年には、高津区から宮前区が、多摩区から麻生区がそれぞれ分区し、七区制となった（図8-1）。なお、本稿では、五区制以前の高津区と多摩区が占めていた地域を、それぞれ「旧高津区」（現高津区・現宮前区）、「旧多摩区」（現多摩区・現麻生区）と呼ぶ。
　川崎市の学童保育は、1963年に福祉部門を担う川崎市民生局によって開始された後、1964年には教育部門を担う川崎市教育委員会による「留守家庭児童会」も開始され、両事業が二本柱で実施された。その後、1968年に統合された両事業は、川崎市民生局が所管する直営事業「留

守家庭児事業」として 2002 年度まで続けられたが、2003 年になると、新たに全児童対策事業である「わくわくプラザ事業」が開始され、留守家庭児事業は廃止・統合された。留守家庭児事業は基本的に共働き世帯のみを対象としていたのに対し、わくわくプラザ事業では定員を設けず、親の就業・非就業や児童の学年を問わず、すべての児童が無料で利用できるようになった。

本章では、川崎市において 1963 年から 2002 年までの約 40 年間にわたり実施された学童保育事業[2]を対象に、その期間の地域変容と学童保育の変質を分析する。具体的には、まず、川崎市の地域変容と女子就業の変遷について、既存統計や既存研究を用いて分析する。そのうえで、川崎市における学童保育の変遷を、施設展開、利用実態および利用者の階層、保育内容の三点に注目して記述する。

なお、保育内容の分析にあたり、観察可能な対象として「父母会行事」に注目する。資料は、各種行政資料や調査報告書、関係者へのインタビューおよび保育所資料等を用いた。さらに、Fincher (1991) などが示したように、保育内容と保護者の階層には密接な関連性があるため、本研究においても保護者の階層に注目しながら考察する。その際には、階層を表す指標として主に保護者の職業を参照する。

2　学童保育の歴史と概況

(1) 学童保育関連事業の経緯

小学生を保育する試みとしての学童保育の歴史は、日露戦争の出征軍人遺族を預かった記録にまでさかのぼる (表 8-1)。学童保育はもともと民間団体などによって担われていたが、1960 年頃より、大都市自治体を中心として公的に学童保育が設置されるようになった。その後、こうした自治体の動きを追うように、国による学童保育事業が開始され、1997 年に初めて法制化された。

現在、学童保育は「共稼ぎ家庭や母子・父子家庭の小学生の子どもたちの毎日の放課後の生活を守る施設」を意味し (全国学童保育連絡協議会編 2004：4)、地方自治体によって「児童クラブ」「留守家庭児童会」など

表 8-1　日本における学童保育関連事業の歴史

時　期	学童保育の供給状況
〜1950年代	**民間団体等による学童保育実施** ・神戸市で日露戦争出征軍人遺家族等のために学童を預かる団体があった（1904年） ・東京都の私立保育園（1928年）、大阪の教育法人・東京都の町内会等（50年）
1960年頃〜	**地方自治体による公立学童保育の開始** ・札幌（1959年）、東京・横浜・川崎（63年）、名古屋（64年）、京都・奈良・北九州（65年）等
1960年代後半〜	**国による学童保育事業の開始** ・文部省による「留守家庭児童会補助事業」の開始（1966〜71年） ・厚生省「都市児童健全育成事業」（1976年）→「放課後児童対策事業」へ発展（91年） ・児童福祉法の一部改正により学童保育が「放課後児童健全育成事業」として法制化（1997年）

資料：全国学童保育連絡協議会編（1978）、下浦（2002）をもとに筆者作成。

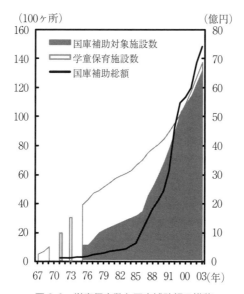

図 8-2　学童保育数と国庫補助額の推移

注：1970年、72年、74年はデータなし。
資料：全国学童保育連絡協議会提供資料より作成。

様々な呼称がある。厚生労働省による「放課後児童健全育成事業実施要綱」では、「保護者が労働等により昼間家庭にいない」、「おおむね10歳未満の児童」が「放課後児童」、学童保育は「放課後児童クラブ」と呼称され、2005年5月1日現在、全国の施設数は1万4457ヶ所（公営6889ヶ所、民営7568ヶ所）、児童数は59万4209人である[3]。全国の施設数は増加傾向にあり、90年代以降、国庫補助対象施設が急増している（図8-2）。

(2) 全国の学童保育の供給状況と地域差

次に、全国の学童保育の供給状況についてみておく[4]。表8-2に示されたように、2003年時点における全国の学童保育設置率は57.9％であるが、人口30万人以上の大都市および中都市において8割超、人口30万人未満では約4割と、人口規模による地域差がある。さらに、人口100万人未満の自治体では公的主体による運営が主であるのに対し、100万人以上の自治体では民間による運営が高い割合を示している。

学童保育の開設場所をみると（表8-3）、全国的に公的施設が8割前後を占めるが、人口規模が小さくなるにつれてその割合が高まる。公的施設の内訳では、中都市において学校施設内が、人口30万人未満の自治体では学校施設内や公民館等の「その他」施設がそれぞれ多いのに対し、

表8-2　各人口規模における学童保育の設置率と運営主体

	施設数	内訳（％）				設置率（％）
		直営 公社・社協	運委・父母会	私立保育園等	その他	
人口100万以上 東京特別区	2,522	38.7	46.9	13.1	1.3	81.8
人口30～100万	2,480	68.1	22.7	7.8	1.4	81.6
人口30万未満	8,795	61.6	25.4	11.5	1.5	41.1
全　国	13,797	60.6	27.1	10.9	1.4	57.9

注1：設置率＝学童保育数／小学校数。
注2：委託・補助金の有無にかかわらず、運営主体で分類。
注3：「直営」は自治体直営、「運委」は地域運営委員会を指す。地域運営委員会とは、地域の役職者（学校長、町内会長、民生・児童委員など）と父母会の代表などで運営委員会を構成し、行政の補助金の受け皿となって運営する方式のこと。日常の運営は父母会が行っているところが多い。
資料：全国学童保育連絡協議会編（2003）より筆者作成。

表 8-3 各人口規模における学童保育の開設場所（％）

	公的施設				民間施設			
	学校施設内	児童館内	その他	計	民家アパート	私立保育園等	その他	計
人口 100 万以上東京特別区	29.7	37.4	10.1	77.2	18.4	1.5	2.9	22.8
人口 30～100 万	61.1	5.1	12.0	78.2	9.9	4.8	7.1	21.8
人口 30 万未満	46.1	16.9	23.2	86.2	4.3	7.5	2.0	13.8
全　　国	45.9	18.7	17.9	82.5	8.0	5.4	4.1	17.5

注 1：サンプル数は表 8-1 に同じ。
注 2：公的施設「その他」には、社会福祉協議会・公社専用施設、公民館、公立保育園、公立幼稚園、集会所、その他の公的施設が、「私立保育園等」には、私立保育園、その他の法人施設が、民間施設「その他」には、社寺、父母会専用施設、その他の民間施設が、それぞれ含まれる。
資料：表 8-2 に同じ。

表 8-4　人口 100 万人以上の自治体における学童保育の運営主体（％）

	施設数	内訳（％）				設置率（％）
		直営公社社協	運委・父母会	私立保育園等	その他	
東京特別区	867	95.6	0.2	4.0	0.1	99.4
横浜	166	0.0	100.0	0.0	0.0	47.0
大阪	132	-	-	-	-	44.1
名古屋	199	8.0	92.0	0.0	0.0	76.5
札幌	185	69.7	30.3	0.0	0.0	87.7
神戸	161	73.3	16.1	10.6	0.0	94.7
京都	126	23.0	31.0	34.9	11.1	68.5
福岡	136	0.0	100.0	0.0	0.0	94.4
川崎	127	0.0	0.8	97.6	1.6	111.4
さいたま	100	56.0	40.0	2.0	2.0	116.3
広島	111	100.0	0.0	0.0	0.0	81.6
仙台	105	73.3	25.7	1.0	0.0	86.1

注：「-」はデータなし。
資料：表 8-2 に同じ。

100万人以上の大都市では、1970年代に大都市を中心に行われた児童館事業の影響で児童館の割合が最も高い一方、民間施設、なかでも民家・アパートの割合が突出して高い。

　以上のように、学童保育の運営主体や開設場所は、人口規模によって一定の特徴を示すが、同じ人口規模のグループ内部でも自治体ごとの多様性が大きい。表8-4によれば、人口100万人以上の自治体における設置率には大きな幅があり、運営主体も多様である。たとえば、横浜市や福岡市、名古屋市では施設の大半が地域運営委員会・父母会の運営による一方で、東京特別区や広島市のように公的主体が卓越する地域、京都市やさいたま市のように多様な主体による地域もある。こうした多様性は、全国一律の設置・運営基準の存在しない学童保育が、地域の文脈に沿って設置・運営されてきたことを示している。

3　臨海部の工業地帯における先進的な導入

(1) 工業地帯への人口流入と女子就業

　川崎市で学童保育事業が開始された1960年代は、地方から川崎市へ大量の人口流入が生じた時期であった。図8-3によれば、川崎市への人口流入は60年代に急増し、域外からの転入人口は、毎年10万人強に達していた。この背景には、当時の川崎市における工業の隆盛があった。京浜工業地帯の中心的都市であった川崎市の臨海部には、大正から昭和初期にかけて重化学工場が進出し、海岸工場用地の造成や、臨海鉄道の敷設等が進められてきた。戦前・戦時に発展した工業地は、戦後もほぼ継続して利用され、1950年の朝鮮特需や55年から70年頃までの好景気を背景にさらなる発展を遂げた（小川2003）。

　一方、国勢調査によれば、1965年の川崎市の女子就業率は40.4％と、全国市部平均45.7％にくらべ必ずしも高くはない。その一方で、就業女性の88.8％は「主に仕事」と区分される労働状態にあり、「家事のほか仕事」や「通学のほか仕事」といった労働状態にある者の割合は全国市部平均からみても低かった。このことは、1960年代の川崎市は「働く女性」の相対的に少ない地域であったが、働く女性の多くは、後に増加

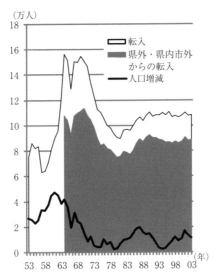

図8-3 川崎市の人口動態

注1：1963年以前の県外・県内市外からの転入に関するデータなし。
注2：「住民基本台帳」および「外国人登録法」の届出による。
資料：川崎市提供資料より作成。

するパートタイマーのような働き方ではなく、フルタイム就業に近い働き方をしていたことを示唆している。

(2) 行政主導による学童保育事業の開始

 地方からの大量の流入者と一定のフルタイム就業の母親が存在した川崎市は、1960年代に二つの問題を抱えていた。一つは流入若年者の余暇活動の問題、もう一つはいわゆる「かぎっ子」の問題である。当時、親元を離れた流入若年者や「かぎっ子」は、成績不振や素行不良の元になるという理由で、大都市圏を中心に問題視されていた。たとえば、1967年に神奈川県が発表した報告書では「非行少年となるものが、この空白期間（放課後）を『街頭で友人』と過ごし、…何らの監督もなしにこれが行われているとすれば、危険この上ないといわねばならぬ」（神奈川県1967。丸括弧内は筆者）とあり、当時の流入若年者と留守家庭児が指導・監督すべき対象として認識されていたことがわかる。さらに当

8章 ローカルなニーズ、ローカルなサービス②

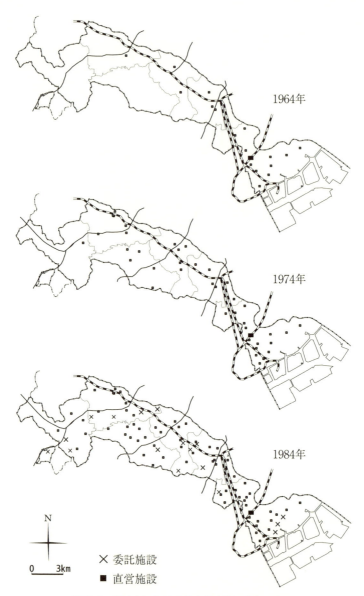

図8-4 川崎市における学童保育施設分布の変遷
注1:区の境界線は、七区制導入以降のものである。
注2:「こ文」とは、川崎市の「こども文化センター」の略称である。
資料:川崎市「こ文・留守家庭児施設一覧」および「年次別施設一覧」より作成。

時の川崎市定例議会においても、「青少年対策についてでございますが、…、不良化はますます増大しつつある傾向にありますが、ましてや本市は全国の地方より毎年中学、高校卒業者が市内会社、工場並びに中小企業への大量就職から非常に多数の青少年を擁している特異の状況にありますので、…これについてどのような具体策をお持ちですかお聞かせ願いたいと思うのであります」(川崎市1963、原文ママ)と、同様の趣旨の発言がなされていた。

　流入若年者が東京や横浜の繁華街に入り浸ることを問題視した川崎市は、流入若年者の健全な余暇活動の場として、社交ダンスやコーラス等のリクリエーション活動を行う「青少年会館」の設置を1961年より開始した。1961年に幸区の「南河原青少年会館」が設置されて以降、62年に川崎区・中原区・旧高津区に4館が、その後66年にかけて8館が設置された(川崎市青少年センター1967)。

　一方「かぎっ子問題」に対しては、1963年に、川崎市民生局独自の事業、「生活クラブ」が開始された。生活クラブは、前述の青少年会館の昼間から夕方の時間帯を利用して、主に小学校低学年児童を他の子どもと一緒に過ごさせる事業であった。さらに、同市教育委員会も、民生局より留守家庭児対策への取り組みを要請され、1964年、放課後の小学校教室や学校敷地内プレハブを利用して、留守家庭児を預かり生活指導等を行う「留守家庭児童会」を開始した(川崎市教育委員会1999)。その後1968年に留守家庭児童会と生活クラブは民生局所管の事業として統合され、「留守家庭児事業」として2002年まで続けられることになる。

　当時の施設分布をみると(図8-4)、施設は川崎区から旧高津区といった臨海部から中部にかけて立地していたことがわかる。これは、当時の学童保育が流入若年者を対象とした「青少年会館」を主な施設拠点にしたためであり、当時の工場分布と一致していた。

(3) 工場労働者中心の利用者層と保育内容

　次に、当時の利用者層および利用実態を確認しておく。川崎市青少年問題協議会の調査によれば、1965年の生活クラブの利用児童数は290人、留守家庭児童会は143人であった。定員充足率では、生活クラブの

8章　ローカルなニーズ、ローカルなサービス②

表8-5　川崎市における1960年代の学童保育利用世帯の月収

月収額 (円)	父		母	
	件数	%	件数	%
2万以下	5	1.7	270	80.8
2万〜3万	78	26.2	38	11.4
3万〜4万	136	45.6	9	2.7
4万〜5万	41	13.8	3	0.9
5万以上	23	7.7	1	0.3
不定	12	4.0	12	3.6
収入なし	3	1.0	1	0.3
合計	298	100.0	334	100.0

注：「収入なし」は長期療養者。
資料：川崎市青少年問題協議会編（1966）より筆者作成。

　定員50人に対し最多利用数44人、留守家庭児童会の定員30人に対し最多26人と、定員を満たした施設は一つもなかった（川崎市青少年問題協議会編1966）。これには、当時の学童保育の知名度の低さやネガティブなイメージが影響していた。市職員の記録（上田1980）や施設発行の雑誌[5]等では、当時の保育内容の薄さや利用児童の定着率の低さ、職員が各家庭に勧誘を行わなくてはならないほどの入所希望の少なさが示されている。

　1964年の実態調査では、留守家庭児童会の利用児童173人のうち、父親は138人中68人が工員、母親は135人中83人が工員で、両親ともに工員が半数から多数を占めていた（川崎市教育委員会1966a）。表8-5で保護者の月収をみると、当時の神奈川県常用労働者の平均現金給与額4万2510円に対し[6]、利用者の収入は大半がそれを下回っている。1960年代当時の生活クラブ・留守家庭児童会では、少なくとも月収からみる限り低所得であり、職業的にはいわゆるブルーワーカーが中心的な利用者層であった。

　子どもを預けて働かねばならないこれらの親の要望は切実であった。利用者インタビューでは「感謝の一言。あれ（＝生活クラブ）なかったら働けなかったかもしれない」[7]といった感慨が聞かれたほか、「留守家庭児童会」に申込みをした保護者の「指導依頼一覧」では、「低賃金の

為生活困難故夫婦共働きを致さねばならないと共にアパートは自動車道路に面しており遊び場所もなく部屋は二階一間にて四方かこまれ一日中日も当らず又子供も夫婦が帰るまでだれも居らず、右生活困難とかんきょうが悪い故是非収容指導をお願い申し上げます」(原文ママ)[8]などの記載がある。

　他方、その保育内容をみると、専任指導員による保育や父母会による活動は未発達な状態にあった。たとえば当時の父母会資料では「おやつもなく、もちろん専任の指導員もいない状態でした。…父母懇談会なども有りませんでしたので父母と職員の係わりも、この時（クリスマス会）ぐらいのものでした」(丸括弧内は筆者)[9]と記されているほか、指導員の回想録では「平間青少年会館にきたとき（1972年）、昼間は卓球台を貸すぐらいで、なんにも指導らしいことをしていなかった」(丸括弧内は筆者)[10]との記述がある。制度的にも、間食提供こそ1964年8月より実施されるようになったが（川崎市青少年センター 1967：5）、専用の指導員が非常勤嘱託として雇用されるようになるのは、1968年4月に、川崎市留守家庭児ホール運営要綱・留守家庭児ホール指導員要綱が制定されてからのことであった[11]。

　以上のように、1960年代における川崎市では、臨海部に人口が集中しており、そこでは、比較的所得の低いブルーカラーの共働き世帯が一定程度存在していた。地方からの流入により親戚・家族などのサポート資源をもたない核家族が多かったため、学童保育の必要性は先鋭的に顕在化した。こうしたなか、かぎっ子と非行を関連づけて問題視する社会的風潮を背景に、行政主導の学童保育事業が開始された。これは、京浜工業地域の中心都市である地域の基幹産業を反映し、そこで働く工場労働者への施策として、学童保育が先進的に開始された事例だといえる。

4　内陸部の宅地開発と学童保育の変化

　1970年代以降、川崎市の内陸部では住宅地開発が活発化し人口が飛躍的に増加するなかで、川崎市の学童保育にも変化が生じた。本節では、こうした自治体内部のニーズ差と学童保育施策の帰結についてみていく。

(1) 住宅地開発と女子就業の増加

　1972年に川崎市は政令指定都市となり、翌73年に人口100万人を突破した。この背景には、東京への通勤を容易にする鉄道網の整備と沿線の住宅開発があった。東急田園都市線沿線では、1966年から79年にかけて路線延長・新線開通が行われ、多摩田園都市の開発によって「東京都区内に通勤する事務職、管理職が多く、高額所得者が相対的に多い」[12]世帯を多く迎え入れることになった。現麻生区に位置する小田急多摩線が開業したのも、1974年のことである。川崎市では1973年から86年にかけて1万戸を超えるマンションが供給され、いわゆる「サラリーマン＋主婦」の世帯が増加した。このような住宅地開発は、川崎市における工業の後退と同時に生じていた[13]。

　また、この時期、川崎市の就業構造にも変化が生じた。1960年に川崎市の全就業者の半数以上を占めていた生産職は、70年代以降、徐々にその割合を低下させ、販売・サービス職や専門・事務職等の多様な職業構成がみられるようになった。さらに、市外就業率は、市全体では75年の39.6％から90年の49.8％へと上昇した。こうした傾向は、具体的にどの区域において強くあらわれていたのか。これをみるために、区域別職業構成を図8-5に示した。工業の集積がみられなかった旧多摩区では早い段階から専門・事務職等のホワイトカラー職の割合が高いが、一定の工業集積がみられた中原区・旧高津区においても、ホワイトカラー職が生産職よりも高い割合を示すようになっている[14]。これに対し、川崎区・幸区でもホワイトカラー職の上昇はみられるものの、生産職が専門・事務職より低い値をとるのは90年以降であり、他区にくらべ若干遅い。さらに、市外就業率は、80年時点で、中原区・旧高津区・旧多摩区において市内就業率を上回っていた。これらのデータをみる限り、ホワイトカラー層の増加傾向が強くあらわれていたのは、特に中原区・旧高津区・旧多摩区であったと考えられる。一方、1970年代以降、全国的に既婚女性の就業が増加したが[15]、それは川崎市でも同様であった。表8-6では、川崎市全体の30〜44歳女子の就業率は75年に最低値をとった後、すべての区において上昇に転じている。

　このように、1970年代以降の川崎市は、内陸部における人口の急増

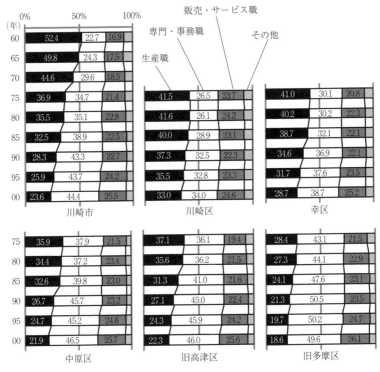

図 8-5　川崎市と各区における職業別従業者数構成比の推移

注：「生産職」には「技能工・生産工程・単純労働者、採鉱・採石」が、
「専門・事務職」には「専門的・技術的職業」「管理的職業」「事務」が、それぞれ含まれる。

資料：国勢調査より作成。

表 8-6　川崎市における 30 ～ 44 歳女子の就業率の変遷（%）

	1970	1975	1980	1985	1990
川崎市	38.1	37.5	43.2	47.4	48.9
川崎区	-	43.9	50.4	54.9	53.0
幸区	-	41.1	46.6	51.1	52.4
中原区	-	40.8	46.5	50.2	52.7
旧高津区	-	33.8	40.2	44.0	46.1
旧多摩区	-	31.8	37.3	43.2	44.6

注：「-」はデータなし。
資料：国勢調査より作成。

8章　ローカルなニーズ、ローカルなサービス②

と女子就業の増加を同時に経験していた。その結果、学童保育需要は急増し、特に内陸部において施設整備が進められることとなった。1965年には18ヶ所にすぎなかった施設数は、75年に41ヶ所、85年に88ヶ所へと増加した。図8-4をみると、1960年代には臨海部に偏在していた施設が、70年代以降、内陸部で増加していることがわかる。しかし、学童保育の実施拠点である児童館の建設には多くの予算と時間を必要とするため、需要の急増に対応するには限界があった。これを補うため、学校敷地内等にプレハブ施設を設置したり、保護者による自主共同保育や私立保育園に運営を委託するといった方法がとられた[16]。1970年から90年までに開設された102施設のうち、プレハブ型施設や委託施設は57施設を占める[17]。

(2) 父母会による保育内容の変化

　この時期、学童保育の保育内容は、父母会組織の成立と連携によって発展した。1972年に、中原区の施設で「単なる託児所のような学童保育ではなく、福祉として考えていかなくてはいけない。そのためには父母も預けっぱなしではいけない」と考える指導員のリーダーシップによって父母会が発足し、1973年には市内10ヶ所の施設に呼びかけ、保護者と指導員から成る川崎市連絡協議会（以下、川崎連協）へと発展した[18]。

　これら父母会や川崎連協は、需要急増期における公的施設の不足を補完する役割を果たしていた。川崎連協は、各地区の父母会を通じた保育需要の把握と待機児童の推計、施設整備の対市交渉や署名活動を行い、各施設の父母会は、待機児童が生じる地域での自主共同保育の場所探しや開設や運営にかかる費用を援助した。また、プレハブ型施設や委託施設では、一般にその設備面や運営の安定性において児童館に劣っていたため、川崎連協や父母会による設備改修への人的・経済的援助が行われていた[19]。このように、行政の施設整備が間に合わない状況下で、川崎連協や父母会といった組織は相互扶助的なネットワークとして機能していた。

　一方で、これらの組織は、保育内容を各施設に普及させる役割も担っていた。1～2ヶ月に1回のペースで開かれていた川崎連協の会議や地

区ごとでの会議では、保育内容に関する情報交換が行われていたほか、川崎連協主催の指導員講習会も実施されていた[20]。特に、この時期に確立した保育内容として特徴的なのが、キャンプやハイキングといった保護者参加型行事の増加である。たとえば、中原区の平間留守家庭児施設では、1975年には年に2回であった父母会行事が、84年には年5回へと増加しているほか（平間学童保育父母会1985）、当時の利用者へのインタビューでも、少なくとも2～3ヶ月に一度程度の頻度で父母会行事が行われていたことが示されている[21]。さらに1979年には、川崎連協主催の「川崎市学童保育まつり」が開始され、その後も数年に1回の頻度で、数千人が参加する全市規模の「まつり」が開催されるようになった（川崎市学童保育連絡協議会編1986）。こうした署名活動や「まつり」の計画・運営は、川崎連協や父母会を中心に、保護者や指導員によって担われた。保護者が積極的に行事の運営にかかわる保育内容は、川崎連協の総会等でも推奨され、キャンプや「まつり」の活動状況は報告項目として定着していた（川崎市学童保育連絡協議会編1992）。

　こうした保育内容が定着した背景には、次の二つの要因が考えられる。第一に、1970年代から80年代にかけて、恒常的に施設不足や運営費不足の状況にあった地域では、保護者による候補地探しや設置運動、カンパ等の経済的援助がきわめて重要な意味をもっていた。これらの活動を円滑に進めるために、保護者同士のコミュニケーションを促進するための保護者参加型の行事が増加したと考えられる。

　第二に、ホワイトカラーで共働きの母親の増加によって、これらの活動や行事の運営が支えられたと考えられる。1984年の調査結果では、以下のような利用者層の変化が示されている（表8-7）[22]。まず、父親の職業では、1960年代には利用者の半数以上を占めていたブルーカラー（技能・生産工程・運輸・保安）の割合が減少し（31.6％）、かわりに「管理・専門・技術・事務」（34.5％）といったいわゆるホワイトカラーの職業の割合が高まっている。また、母親の職種では、26.1％の割合で「臨時・日雇」の母親がいることが示され、帰宅時間にも23.2％の割合で「～17時」がみられることから、パートタイム就業を行う母親が2割強程度存在したと推察される。保護者参加型の行事の多くは、手配や準備のため

表 8-7 川崎市における 1984 年前後の学童保育利用世帯の両親の職業 (%)

父親	管理・専門・技術・事務	34.5
	技能・生産工程・運輸・保安	31.6
	自営業・販売・その他	21.3
	父親はいない	9.8
母親	つとめ人（常雇）	33.9
	つとめ人（臨時・日雇）	26.1
	公務員・教員	18.5
	その他	19.5
母親の帰宅時間	～17 時	23.2
	17～18 時	52.1
	18～19 時	14.2
	19 時以降・その他	7.6

注：サンプル数は854。
資料：川崎市留守家庭児問題研究協議会編（1985）より筆者作成。

の話し合いなど、当日の運営以外に時間的・経済的な余裕が必要とされる。保護者参加型の保育内容の成立には、この時期に内陸部で増加したであろうミドルクラスの利用者の存在が必要条件になると考えられるのである。

　言い換えれば、父母会活動や行事に、比較的低収入で長時間労働を行うような母親が全面的に参加することは難しい状況であったと推察される。実際、横浜と川崎の学童保育の利用実態を調査した濱野ほか（1988）では、低収入で長時間労働の保護者が父母会活動や行事に参加しにくい状況が指摘されている。これによれば、低収入の利用者は平日・土曜ともに 10 時間近くを労働・通勤時間に費やしており、「行事が多く出ろと言うのは、時間的にも金銭的にも困る。こちらは有給休暇もない。中流意識のなかでやられては困る」（原文ママ）と不満を漏らしている（濱野ほか 1988：69）。

(3) 保育ニーズの地域差

　保育内容に対する階層間のニーズの違いは、川崎市において地域的にあらわれていた。行事の多い保育内容を支えられるホワイトカラー・ミ

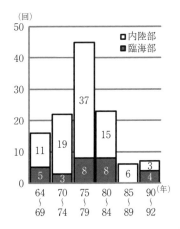

図 8-6 保護者等による市議会への請願・陳情数
注：地域の特定は、各請願の代表者の住所による。
資料：川崎市学童保育連絡協議会（2003：93-97）より作成。

ドルクラスの利用者は内陸部に多い。さらに、内陸部では深刻な施設不足が生じており、保護者間の相互扶助が重要な意味をもっていたため、保護者参加型の保育内容は積極的に受容されていたと考えられる。一方、臨海部では 1960 年代にある程度の施設ストックが得られていたため、施設不足は内陸部に比較すれば深刻ではなかった。さらに、ホワイトカラー職の比率が高まっていたとはいえ、ブルーカラー層も一定の割合で存在した臨海部の利用者は、上記のような保育内容へのニーズをさほど強くもっていなかった。

　実際、父母会等による施設整備の請願数を地域別で示した図 8-6 によれば、70 〜 80 年代の期間において、内陸部の請願数が臨海部にくらべ圧倒的に多い。また、川崎連協への加盟率も内陸部のほうが高く、これらの施設が組織活動に積極的であったことがうかがえる（表 8-8）。80 年代の川崎連協会長へのインタビュー調査では、「（活動への参加状況は）急速に需要が伸びているところとそうでないところで温度差があった」と回想されているほか、旧高津区の 70 年代の利用者へのインタビューでも、こうした保育内容は肯定的に受け止められていた[23]。その一方で、臨海部の利用者へのインタビュー調査によれば、保護者参加型行事の実

表8-8　1990年時点における川崎連協への施設加盟率

	加盟数	全施設数	加盟率（％）
臨海部	18	36	50.5
内陸部	59	73	80.8

資料：川崎市学童保育連絡協議会編（1990）より作成。

施頻度は少なかったという[24]。

　このように、内陸部と臨海部における保育内容に対するニーズの地域差は存在していたものの、需要急増と施設不足が深刻であった内陸部の施設が川崎連協に多く加盟していたために、川崎連協の要求内容は内陸部の保育内容を前提としたものになった。実際、川崎連協の対市交渉のなかでは、保護者連絡会や父母会行事への参加時間も指導員の勤務時間として認めること、指導員を正規職員として雇用しキャンプ等の行事の翌日を振替休暇として認めること等が求められていた（川崎市学童保育連絡協議会編 1994：17）。

（4）量的充足と全児童対策事業の導入

　1990年代の川崎市における留守家庭児施設は市全体に分布し、全小学校のほぼ8割にあたる施設が設置され、未設置校区が20ヶ所程度残っていたものの、量的には一定の水準に達していた。しかし、それにもかかわらず、量的需要のさらなる高まりから待機児童が毎年発生し（図8-7）、特に90年代後半以降に急増したことへの対応に迫られていた。また、就業していない母親からも、学童保育を希望する声が寄せられていた。しかし、「市内に新しい用地を確保することが年々難しくなってきており」、また多数の父母会行事を含む豊富な保育内容を維持しながら施設数を拡大することは、市にとって難しい状況にあった。市の担当者は、「地域や施設によって保育内容へのニーズは異なる」ことを認識しており、保護者参加型の行事を多く含む保育内容の保障によって指導員の人件費の膨張を招くことは「税の使い方の不公平」であると考えていた。そこで川崎市は、用地確保の問題を解決し利用者層を拡大できる、学校空き教室を利用した全児童対策事業を導入することを決定した[25]。

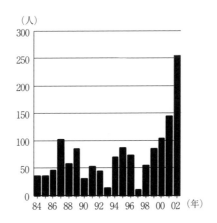

図 8-7　川崎市における学童保育待機児童数
資料：川崎市市民局提供資料より作成。

　1999年、市は「青少年健全育成基本計画」策定にあたり、留守家庭児事業を取り込んだ「小学校施設を活用した児童の健全育成事業」(現「わくわくプラザ事業」)を創成した。従来の留守家庭児事業は2002年度を最後に終了し、2003年度以降、全児童対策事業であるわくわくプラザ事業へと統合された。わくわくプラザ事業では定員を設けず、母親の就業状況にかかわらずすべての児童が利用できる一方で、保護者参加型の行事や父母連絡会等は基本的に実施されないこととなった[26]。

5　「ローカルなニーズ」は一枚岩ではない

　本章では、川崎市における現行の学童保育サービス供給(全児童対策事業の導入)の背景として、どのような地域的文脈が学童保育の変化と関係してきたかを明らかにすることを目的とした。川崎市の学童保育の変化と地域的背景を簡単にまとめると、以下のようになる。1960年代における川崎市は臨海部に人口が集中しており、そこでは、比較的所得の低いブルーカラーの共働き世帯が一定程度存在していた。働く女性の9割はフルタイム的労働に従事していた一方で、地方からの流入により親戚・家族といったサポート資源をもたない核家族が多かったため、学童

保育の必要性は先鋭的に顕在化した。こうしたなか、「かぎっ子」と「非行」を関連づけて問題視する社会的風潮を背景に、行政主導による学童保育事業が開始された。開始当初の入所希望は少なかったが、利用者にとって学童保育は生活に不可欠な施設と認識され、保育内容へのニーズは弱かった。

しかし、1970年代から80年にかけ、工業の後退とともに内陸部では鉄道開発・住宅開発が進められ、ホワイトカラー層が増加した。さらにこの時期、女子就業率は全市的に上昇した。その結果、川崎市の学童保育需要は急増し内陸部を中心に施設不足が深刻化した。この際、需要急増に追い付かない行政サービスの不備を、父母会や川崎連協といった組織が補完した。内陸部における圧倒的な施設不足のもとで、経済的援助を含む相互扶助を円滑に機能させるために、保護者間のコミュニケーションを図るための保育内容が確立された。さらに、川崎連協による対市交渉や指導員講習会を通じて、こうした内陸部の保育内容が川崎市の学童保育の標準形として広まった。しかし、こうした保育内容はブルーカラー層の保護者にとって負担が大きく、臨海部の施設では広く受け入れられなかった。1990年代、学童保育需要はさらなる高まりをみせ、川崎市は待機児童への対応を迫られた。しかし、70年代以降、保護者と指導員の連携によって進められてきた学童保育内容の充実は、川崎市当局がその質を維持しながら規模を拡大することを困難にした。また、市は、市内に存在する多様なニーズを担保するという点でも、従来の学童保育事業の拡大は非合理的であるという認識をもっていた。そこで川崎市では、定員を設けず頻繁な行事等を除いた全児童対策事業の導入によって多様なニーズを担保しようとした。

これらの経緯は、保育内容へのニーズの多様化とそれに対する地域の対応として、一般化できる側面もある。実際、日本の多くの地域が、ニーズの多様化への様々な対応に迫られており、全児童対策事業の導入も、そうした変化の一部として捉えることができよう。しかし、川崎市において、従来の学童保育事業の廃止から全児童対策事業導入という抜本的な制度改変が行われた背景には、そうした時代の経過にともなう普遍的要因のみならず、地域固有の要因も少なからず影響している。京浜

工業地帯の中心的都市として、域内に一定のボリュームでブルーカラー層を抱えた川崎市では、行政による学童保育は低所得者への救貧・保護的性格を帯び、市直営の無料サービスとして開始された。70年代以降、内陸部に従来とは異なった住民層が流入し、学童保育事業の中心的対象が変化しても、無料直営の運営方式は変わることがなかった。こうした経路依存的に地域に定着した方式は、70年代・80年代の学童保育の変容と90年代以降における需要のさらなる増大による「制度の行き詰まり」、それに続く全児童対策事業への学童保育の統合という抜本的な制度改変へとつながっていったと考えられるのである。

　こうした経緯からみえてくるのは、川崎市という地域が、どのような住民層を利用者として設定し、どの程度のサービス水準を維持すべきか、言い換えれば、保育サービス供給にかかわる公正の基準をどこに設定すべきか、という点において、歴史的に揺れ動いてきたという事実である。冒頭で触れたように、地域的公正は地域のニーズとそれに見合ったサービス供給の達成とされるが、川崎市はその内部にニーズの地域差を抱えることになったために、どの地域のニーズに照準をあわせるかによって、公正の意味内容が変化してきた。臨海部ブルーカラー層が主な対象となった60年代には、安価なサービス供給を主眼におく制度設計が公正とみなされたが、内陸部ミドルクラスを主な対象とせざるをえなかった70・80年代には、量的ニーズと不可分に結びついた形で生じた質的ニーズへの対応がある種の公正として浸透し、それに引きずられる形で学童保育事業は発展した。しかし、行政側が待機児童問題への対応に迫られ、地域全体の公正なサービス供給を考え直した90年代以降、質的ニーズの地域差をバランスするために、学童保育の供給体制は全児童対策事業への転換という着地点をみたのである。このことは、ある地域で公正とされるサービス供給のあり方が、地域の歴史的背景によって規定されうること、地域内部のミクロな範囲のニーズのバランスによって影響されうることを示唆している。

　このように、行政領域内部でニーズ差が生じてしまった場合、公的サービス供給に関する域内の合意形成には大きな困難がともなう。こうした摩擦の一因には、学童保育が公的サービスとしてどこまでのニーズ

を担保すべきか、という国の枠組みなしに長期間にわたりローカルな対応に任されてきた状況がある。地方自治体は、いち早くローカルなニーズに対応できるという利点をもつ一方で、上記のような地域変化や域内の地域差が顕在化した際に、その都度、従来制度の陳腐化や新たな対応に追われることになる。保育ニーズが多様化している状況下において、国はニーズへの部分的な対応ではなく子育て支援に関する基本的な方向性や枠組みを提示すると同時に、ローカルな対応の利点を生かせるようなオプションを用意するべきだといえる。現在、保育新システムの導入によって地域の実情に応じた柔軟な対応が可能となりつつあるが、中央政府の政策決定がローカルなニーズに対応しうる枠組みとなっているかどうかをチェックし、現場レベルで摩擦を生じさせている場合にはその解決のあり方を検討していく必要があるだろう。

注

1) 影山(2004b)、朝日新聞社編(2003)など。
2) 本書では、「主に両親の共働きにより昼間世話する保護者のいない小学校低学年児童を預かって面倒をみること」を学童保育とし、内容的にこれと合致する川崎市の留守家庭児事業を「学童保育事業」とする。
3) 厚生労働省雇用均等・児童家庭局育成環境課調べ。
4) 調査時点は2003年5月1日。
5) いちょうクラブ父母会(1986:4)、平間学童保育父母会(1985:17)。
6) 厚生労働省雇用統計課「都道府県別常用労働者の平均現金給与額—月額(事業所規模30人以上)」による。
7) 1960年代の利用者へのインタビューによる。
8) 「古川小学校 昭和41年度留守家庭児童指導依頼一覧」より引用(川崎市教育委員会1966b:28)。
9) いちょうクラブ父母会(1986:4-5)より引用。
10) 上田(1980:18)より引用。
11) 川崎市市民局担当者へのインタビューによる。
12) 松原(1988)。住民階層については東急電鉄が行った田園都市線沿線住民への調査結果。
13) 1970年代から80年代に臨海部大企業の地方移転により工業が後退し、跡地は住宅地や学校等へと変化した(伊藤1987)。
14) 川崎区が五区制をとる1972年以前の地域別職業データは現存しない。

15）非農林漁業における有配偶女子の労働力率は1965年の38.6％から、85年の59.2％へ上昇した（熊沢1999）。
16）川崎市市民局職員へのインタビューによる。
17）川崎市市民局「こ文・留守家庭児施設一覧」「年次別施設一覧」による。閉所施設があるため、開所数の合計は施設数の合計と一致しない。なお、「こ文」とは「こども文化センター」の略称。
18）当時の平間青少年会館の指導員へのインタビュー、および川崎市学童保育連絡協議会（1992）を参照。
19）旧高津区における1970年代利用者へのインタビュー、および南平ホール十周年記念誌編集委員会編（1981：48）を参照。旧高津区の南平ホールでは、市に対して設備の改善を求める請願や、改善が間に合わない場合には保護者の手による補修や経費立替が行われていた。
20）1980年代の川崎連協会長へのインタビュー、および川崎市学童保育連絡協議会編（1981：48）を参照。
21）1970年代、80年代の利用者へのインタビューによる。
22）川崎市留守家庭児問題研究協議会による調査。1984年時点の施設利用児・利用終了児の保護者に対して行われ、市内施設の半数を対象としている。
23）旧高津区における1970年代の利用者へのインタビューでは、「父母会活動が大変ということはなかった。他の父母と仲良くなれて楽しかった」「同じ地区の自主共同保育でバザーをやっていたら、手を貸すのが普通だった」などといった回想が聞かれた。
24）川崎区における1980年代の利用者へのインタビューによる。
25）川崎市市民局担当者へのインタビューによる。
26）運営は「財団法人川崎市市民活動センター」へ委託。また、従来事業における利用児童数は4180人、対象学年は3年生までであったが、わくわくプラザ事業では、登録児童数2万8288人、対象学年は6年生までとなった。

9章

地域に即した子育て支援に向けて

本書では、子育て支援をめぐる地域差について、保育需給の地域差に着目しながら、それぞれの地域における問題や対応の実態をみてきた。大都市圏と地方圏それぞれにおいて、子育て世帯をめぐる社会環境は変化してきており、多様化した保育ニーズへの対応が求められてきた。ここでは、本書で得られた知見をもとに、それぞれの地域における子育て支援をめぐる課題や変化について整理し（表9-1）、今後どのような対応のあり方が検討されるべきかを議論したい。

1　「子育てする場所としての都市」はいかに実現可能か

(1) 時空間的制約を抑制する領域横断的な政策の必要性

　現在、社会的な注目を集めている「保育所待機児童問題」には、人口規模による保育の量的需要のみならず、職住分離の都市空間構造と、そこに暮らす人々の働き方や生活空間の問題が反映されている。本書では、この点に注目し、保育所待機児童問題を大都市固有の地域的文脈がもたらした現象として捉え、その背景や都市の多様な主体による取り組みを検討してきた。その際には、大都市圏内部における保育サービス（認可保育所や認可外保育所）の利用可能性に地理的偏在が生じており、そのような供給構造のもとでの子育て世帯の行動にも着目した。

　東京などの大都市圏では、他地域からの人口集中とそれにともなう都市圏の拡大（都心の地価高騰）により、職住分離の都市空間構造が形成される。これによって子育て世帯の多くは十分な広さをもつ住宅を求めて郊外に住む傾向があった。大都市における私鉄資本による郊外での住宅開発も、こうした居住地構造に影響を与えてきた。都心は、地代の高さに見合ったオフィスなどの生産活動に特化した施設が立地することで「（主に男性が）働く場所」となり、郊外は、主に女性が家事や育児などの再生産活動を行う場所となった。戦後から高度経済成長期にかけて形成されたこうした都市空間構造は、大都市圏における主婦化の進展と互いに相乗する形で広がった。一方で、こうした居住地構造は、鉄道などの公共交通機関に依存した生活空間と長時間通勤というライフスタイルを浸透させた。1970年代以降、サービス経済化にともなう雇用労働力の

表9-1　地域別にみた子育て環境の特徴と展望

大都市都心	地方都市
・従来、郊外と比べると保育が充実	・従来、豊富な親族サポートと保育供給
・「都心回帰」により待機児童が深刻化	・県庁所在都市クラスでは局地的な保育所不足が発生
・企業的な保育事業者など民間サービスが豊富↔支払能力による格差	・「地方都市」の多様性と格差
	・地域経済、雇用悪化の影響
大都市周辺部・郊外	**地方縁辺**
・従来、最も待機児童問題が深刻	・従来、豊富な親族／近隣サポート
・需要の地理的拡散、支払能力のばらつき→企業的事業者の参入は抑制的	・子ども数減少、市町村合併による統廃合、周辺部の切り捨て
・「ジェンダー化された空間」→地域活動、保育NPOの可能性	・施設の遠隔化や生活圏と行政領域との不一致による送迎への影響

資料：筆者作成。

女性化や、男女雇用機会均等法による女性の働き方の変化が生じたものの、このような職住分離の都市空間構造は容易に変えられなかった。もちろん、郊外でも子育て世帯の増加した地域では保育所や幼稚園が整備されたものの、保育需要は子どもの成長にともなって減少する。特に、同一年齢層が一斉入居することの多い郊外住宅地では、保育需要の急増と数年後の減少が生じやすい。都心へのアクセスの面で不利な住宅団地の近隣に立地する保育所は、通勤経路や距離の問題から、空きがあっても利用されにくい。また、郊外では都心に比較して延長保育などのサービス供給が乏しいこともあり、保育需給のミスマッチが起こりやすい。こうした構造は、大都市圏のなかでも特に郊外のエリアで待機児童を顕著に生じさせた。

　他方、表9-1に示すように、人口の都心回帰（都心人口の回復）とともに都心の保育環境にも変化が生じている。図9-1には、東京大都市圏における子育て環境の課題と対応のあり方を模式的に示した。

　かつて、都心は地価の高さやファミリー向け住戸の少なさから子育て世帯が少なく子ども数が少ないために待機児童が発生していないとされていた（前田2004）。しかし、2000年代以降の規制緩和とファミリー向け住戸を含むマンション供給によって、都心やその周辺にも子育て世帯の滞留や流入がみられるようになった。夫の通勤時間の減少と家事・育児時間の増加によって、都心はフルタイムの共働き世帯が子育てをする

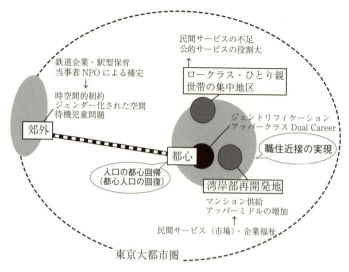

図 9-1　東京大都市圏における子育て環境の課題と対応のあり方
資料：筆者作成。

場としての機能を併せ持つ場となってきている（矢部 2015）。ただし、そうしたライフスタイルは「上層ホワイトカラーなど特定の階層に偏って」おり（矢部 2015：168）、夫婦の共働きを可能にするための保育サービス選択の行動にもその状況が反映されている。都心のジェントリフィケーション（高級化）が進む地域では、ファミリー世帯のなかでも所得階層の高いデュアルキャリアの世帯が居住していることが推察される。こうした層にとっては、市場的な民間サービスを利用する経済的負担感は相対的に低いかもしれないが、都心湾岸部や再開発地では、認可保育所の枠を確保するための様々な行動（いわゆる「保活」）が激化している。そのなかには、都心周辺の豊富な民間サービスを利用して復職実績を作ることで認可保育所の入所可能性を高めようとする世帯も少なくない。民間保育サービスの利用料は一般に認可保育所よりも高額であり、その利用可能性は世帯の支払い能力に依存している。子育て世帯の都心居住は通勤時間の短縮と夫婦ともに仕事と家事・育児に参加するライフスタイルを可能にする一方で、支払い能力による保育サービスの利用可能性の格差にもつながっている。とりわけ、所得階層の低い世帯やひとり親

世帯の多い地区では、営利的な民間サービスの進出が少なくなりがちで、就業時間や就業場所の選択にも影響を及ぼしている。また、すでにみたように、企業内保育所や時間短縮勤務などの子育て支援制度は大企業の正規職において充実している、もしくは利用率が高い傾向にあり、企業福祉としての保育・子育て支援の利用可能性も、勤め先や就業状況によって異なるのである。このように、大都市圏の待機児童問題は、近年の都心再開発や保育供給の地理的偏在などを背景に、子育て世帯の居住地や就業状況によって保育や就業継続の可能性が左右されるリスクが生じている。

都心やその周辺の再開発地におけるこうした問題に対しては、行政等による保育料の助成や規制といった調整機能が求められる。同時に、保育所の用地確保が困難な都心部およびその周辺では、「小規模保育」や「家庭的保育」など、従来の認可保育所よりも小規模な用地や定員規模で地域の保育ニーズの増減に迅速に対応できるような（フットルースな）施設・事業を柔軟に取り入れていくことが必要である。「小規模保育」や「家庭的保育」はこれまで、認可の対象とはされてこなかったが、2015年の新システム導入によって、新たに国の認可の対象となった。従来は認可外として扱われてきた施設・事業に国の「お墨付き」を与えることで、利用者の不安感を抑制し、保育料の格差を是正していくことが期待される。ただし、保育士の配置や設備面では保育の質の低下につながるといった懸念や、基本的に3歳未満児を対象としているこれらの事業では、3歳以降の保育所の確保ができないといった懸念も指摘されている。これらの事業は、現時点の待機児童数を減らすという目的だけではなく、長期的に保育の場が確保されるための仕組み作りとともに整備されるべきである。

同時に、待機児童への対処がほぼ当該自治体に任されている現状では、地区ごとの実情に応じた対応がとれる反面、東京圏全体でみた場合の保育サービス供給の不均衡を解決することが難しい。本書でみたように、待機児童（認可保育所の不足）の分布と代替となる認可外保育所の分布は一致しておらず、待機児童が多いにもかかわらず認可外保育所の参入も少ないという領域的不公正が生じている地区がある。こうした状況に対

しては、都や県による行政区域を超えた広域的な需給状況の実態把握と適切な立地誘導が必要だろう。それを可能とするためにも、「表明されたニーズ」の指標である待機児童数の定義を統一していく必要がある。現在、待機児童の定義は自治体によってまちまちで、自治体独自の認証保育所や保育ママなどの認可保育所以外のサービスを利用している場合や、保育所に入れず育児休業を延長した場合、さらに申請時点で求職中の場合、預け先が見つからず退職した場合等では、待機児童としてカウントされる自治体とされない自治体がある[1]。このため、これらの項目を待機児童の定義に含めている自治体では、そうでない自治体にくらべ多くの待機児童数がいるかのように公表される。こうした定義の違いや曖昧さは、保育所不足の地域差に関する実態把握とそれにもとづく対応策の検討をきわめて困難なものにしている。

　保育サービスが従来から恒常的に不足していた大都市圏郊外では、「ジェンダー化された空間」の問題を内包しながらも、そこにおいて発達してきたボランタリーセクターによる保育供給が、専業主婦や短時間就労の母親などの多様な保育ニーズの受け皿となっている。こうした大都市郊外におけるボランタリー・セクターの役割は、公的部門による認可保育所整備が困難な現状において重要である。ただし、こうしたボランタリーセクターによる地域活動では、就業していない女性にその責任が集中したり、行政からの「丸投げ」状態になるリスクもともなうため、地域コミュニティによる保育供給には、行政や地域の多様な主体との連携が不可欠である。ところで、大都市郊外における保育供給主体として、鉄道事業者による保育参入や駅型保育所の役割も注目される。従来、鉄道事業者は住宅や商業施設の開発によって沿線価値を高めてきたが、都市圏の縮小や高齢化を背景に、子育て支援にも乗り出してきている。こうした鉄道事業者による子育て支援の実態と、沿線イメージや沿線人口維持への影響は、大都市圏のファミリー世帯の居住動向を検討するための一つの論点となる。また、民間保育事業者の参入が限られたエリアでは、既存の幼稚園や保育所など、空きのある施設ストックを活用することが必要である。空きのある保育施設と駅前等にある送迎ステーションとを送迎する「保育ステーション事業」は、地域内のミクロな範囲での

保育需給のミスマッチを解消し、距離摩擦を克服する手立ての一つといえる。保育ステーション事業は、千葉県流山市などで行われているが、送迎コストの問題や安全性、保育士と保護者とのコミュニケーションといった運用上の課題を克服していくことによって、集中しがちなニーズを分散させる効果をもつことが期待される。

　さらに、保育所待機児童問題に強く影響を与えた都市空間構造の背後には、いうまでもなく、戦後日本の都市への大量の人口移動と1980年代以降に強まった東京一極集中がある。都市への人口集中は、地価の高騰や住宅・交通・医療・福祉・教育など各種のインフラや社会サービスの不足を招くが、日本の大都市圏においてこれを包括的に調整する都市政策は貧困であった。特に保育サービスの場合、地域の産業構造や長期的な人口動態、住宅や教育など隣接部門の政策と連動した計画が必要となるが、個別事業での対症療法的な対応にとどまりがちである。特に大都市圏では、専業主婦率の高さもあって、都市計画で検討されるのは住宅と学校の建設が中心で、保育を誰がどこで担うかという論点は保育需要予測の困難さもあいまって二の次にされる傾向がある。また、世帯形成期の家族が安価で入居・取得できる公営住宅・社会住宅や融資制度は限定的・選別的であり、都心再開発地で民間主導によるマンション供給が進んだとはいえ、取得できるのは比較的所得の高い世帯である。保育所待機児童問題を解決するためには、保育制度改革や長時間労働を前提とした働き方の改善に加え、時空間的制約をやわらげるような、オフィスの分散化政策や子育て世帯への住宅支援を含めた領域横断的かつ包括的な取り組みが必要である。

(2) 大都市の子育て支援をめぐる今後の研究課題
──保育の担い手、NIMBYとしての保育所立地問題

　また、保育施設の拡充に際し、保育士労働力の不足についても社会的な注目が集まっている。主に海外先進国で蓄積されたケア労働の国際移動に関しては、先進国主要都市の世界都市化と産業構造の変化にともない、都市に住む高階層ホワイトカラー女性の家事・育児の担い手として、発展途上国からの移民労働力がケア・ワークを担う「グローバル・ケ

表9-2 アジアにおける子どものケアの社会的ネットワーク（都市中間層）

地域	母親	父親	親族	家事労働者 （子守・メイド）	施設 （保育所・幼稚園等）
中国	A-	A	A	C （大都市でB）	A
タイ	A	A	B	B	B- （2歳未満でC）
シンガポール	A-	B	A	A	A
台湾	A	B	A	B	B （2歳未満でC）
韓国	A+	C	B	C	B （3歳未満でC）
日本	A+	C （共働きでB）	C （共働きでB）	D	B （3歳未満でC）

A：非常に有効　B：ある程度有効　C：存在するがあまり効果的でない　D：ほとんどなし
注：シンガポールは中国系住民に限定。
資料：落合ほか編（2007：286）より抜粋、一部改変。

ア・チェーン」の構造が指摘された。また、中国をはじめとして、大都市圏と地方圏における経済格差が大きい国では、大都市圏の家事や育児を担う使用人として地方圏出身の労働力が吸収されている（落合ほか2007；岡本ほか編2008）。日本国内では移民労働力の参入規制があるほか、地域間経済格差が相対的に小さいため、上記のような海外事例とは文脈の異なる点が多い。アジア諸国のなかでみても、ケア労働力の担い手は主に妻（母）であった（表9-2）。しかし、少子化による労働力人口の減少にともないケアの担い手は不足しており、高齢者介護の分野ではすでに移民労働力が注目されつつある。

　大都市圏の保育士不足を背景に、地方圏での採用活動を行う保育事業者もみられるが、保育士の就業移動がどの程度のインパクトをもちうるかは未知数である。東京圏の保育事業者による地方圏での採用活動と採用後の保育士の就業（定着）状況の実態調査を行った甲斐（2016）は、地方圏の保育士候補生は待遇面や雇用形態、首都圏へのあこがれなどから就職を決定するものの、地元（出身地）へ戻ることを希望する者が少なくないこと、就職後の勤務実態は説明会や園見学の内容との乖離があり、その実態を知った養成校学生は地元や地元近くでの就業を希望する傾向があること、地方圏の保育事業者も東京圏との競争から待遇改善を進め

ていることなどを紹介している。また、後述するように、介護サービスで働く女性の生活時間と労働時間の断片化が生じており（由井・加茂2009）、介護労働者の女性は身近な職場で家事との両立が可能な形での就業を希望している（加茂2011）。こうした傾向は、保育士にも共通する部分が少なくない。仮に地方圏から保育士の労働力を調達できたとしても、彼／彼女らが保育士としての仕事を継続しなければ、大都市圏の保育労働力不足は解決されえない。筆者が東京圏で保育所の施設長に行った聞き取り調査では、保育士以外の仕事の選択肢が相対的に多いため、低賃金や不規則な労働時間、重い責任などに耐えかねて、派遣社員などの雇用形態で事務職や他のサービス職へ転職する例も少なくないという。いずれにしても、保育に関する労働力確保の空間性や地理的移動、保育士の転職行動等に関する実証研究は端緒についたばかりであり、今後の蓄積が求められる。

　このほかにも、都市の保育供給に関し、立地紛争という論点も加えられるべきである。大都市では地価の高さや面積の問題から保育所建設のための用地確保が困難だが、それに加え、近年では、保育所からの騒音等を理由とした周辺住民からの反対運動が報道されている[2]。公共サービスの立地問題として、社会的に必要であるが近隣への立地に反対する行動やその対象となる施設は「NIMBY」（NIMBY施設）と呼ばれる。NIMBYは、「Not In My Back Yard（私の裏庭には来ないで）」の頭文字をとった用語であり、ごみ処理施設や米軍基地、原子力発電所などに関する研究が進められてきた。保育施設が社会的に必要なことは理解しつつも自身の近隣には建設されたくないというこうした動きは、「NIMBY」問題の一種と捉えられる。ただし、保育所建設への反対理由は騒音だけでなく、交通量を理由とした危険性や飲食店などが多い周辺環境に保育施設がなじまないといった、次元の異なる要素を含んでおり、従来のNIMBYとは異なった性格を有している。保育所建設をめぐるこうした現象は、「自己中心的な周辺住民」「行政や事業者の説明不足」などといった単純な構図で説明されがちだが、とりわけ用地取得の困難な大都市圏におけるこうした問題の背景や実際の経緯について冷静かつ客観的な分析が必要であるように思われる。

2 地方圏の子育て環境をめぐる変化と課題

　一方、地方圏は大都市圏にくらべ子育て環境に恵まれた地域として認識されてきた。特に大都市圏で深刻な低出生率を背景に、若年層の地方圏から大都市圏への流出を止めるための施策が推進されている。地方圏の地域活性化や雇用機会創出を狙う「地方創成」政策の前提となった「増田レポート」では、以下のような警鐘が鳴らされている。すなわち、今後、地方圏では高齢者の減少（自然減）によって、女性労働者を吸収してきた病院や介護施設など医療・福祉部門での需要が減少する。それに対して、東京などの大都市圏では、急速な高齢化によって福祉部門での労働力需要が急増するため、雇用機会を求めて女性が移動する。しかし、大都市圏は子育てしにくい環境であり、出生率も低い。地方圏から若年女性が大都市圏へ移動すれば、日本全体の出生率がますます低下する事態にもなりかねない、というのである（増田 2014）。このレポートでは、若年女性の流出によって人口の再生産ができなくなり消滅可能性のある自治体が指摘されるなど、全国の地方自治体に大きな衝撃を与えた。このレポートには、発表後様々な反論が寄せられ、その妥当性の判断には一定の留保が必要だが、地方分散政策に強く影響力をもつレポートであったことは間違いない。ここでは、そうした地方の子育て環境もまた変化にさらされており、克服すべき課題があることを示したい。

(1) 従来の「地方の子育て環境」像とその変化

　1990 年代の保育需給や女性の就業継続について、大都市圏と地方圏の地域差を示した既存研究に、前田（2004）がある。前田は、1998 年度の「全国子育てマップ」（厚生省委託調査）をもとに自治体別の保育状況を分類した。ここでは、待機児童に代表される保育状況（保育供給の充実度）と女性の働きやすさとして有配偶女性の就業率の各指標を用いて、大都市都心、大都市郊外、地方都市、地方（農村）の状況が分類されている。まず大都市と「地方」（非大都市圏）では、地方において有配偶女性の就業率が高く、大都市では低いことが示される。他方、保育状況では、山形市などの地方（農村部）では、保育供給量は十分ではないが同

居率の高さが有配偶女性の就業率の高さや高い出生率を支えており、金沢市や倉敷市などの「地方都市」は保育の供給が十分にある地域として示されている。また、増田 (2014) も、地方圏の子育てしやすさの要因として、「三世代世帯も多く、おじいちゃん、おばあちゃんのサポートも大きい」(p.186) ことに言及している。

　地方圏の恵まれた保育環境は、出生率の高さによっても示されてきた。総じて大都市の合計特殊出生率は低く、それ以外の地域では出生率が高い傾向がある。このような状況から、地方圏は、多くの就業機会を有する大都市圏に労働力を供給する「人口供給地」と考えられてきた。保育環境に恵まれた地方圏から女性が流出することで、日本全国の少子化にも拍車がかかるといった危惧は、こうした都市と地方の出生力の地域差とも通底する。

　しかし、近年、「人口供給地」として機能してきた地方圏の出生力に変化が生じていることが指摘されている (松田 2013)。松田は、都道府県別および地域ブロック別にみた少子化の要因分析を通じて、1990 年代以降、地方圏でも大きく出生率を下げている地域があることを示した。1990 年と 2010 年の都道府県別合計特殊出生率では、いずれも東京圏や京阪神で値が低く、それ以外の地域で高い傾向があるものの、2010 年の値では最も高い区分に含まれる地域が東北地方ではみられなくなっている。1990 年から 2010 年の期間における合計特殊出生率の減少幅は (図 9-2)、特に東北地方で大きい。松田 (2013) は、合計特殊出生率と完全失業率や若年男性の非正規雇用率との間に負の相関があることを示し、特に 1990 年代以降の公共事業削減や製造業における雇用悪化が、東北地方などで合計特殊出生率の低下に影響した可能性を指摘する。

　松田の分析は、地域スケールが都道府県別や地域ブロック別であるため、地方圏とされる地域のなかにも都市的な地域と農村的な地域が含まれており、まとめられた地域ブロック内部でも子育て世帯の生活環境が相当に異なっている実態を考慮する必要があるものの、地方圏の子育て世帯をめぐる社会経済状況の変化が出生力に影響を及ぼしている可能性を指摘した点、ひいては、待機児童数や女性就業率のみでは測れない「子育てしやすさ（しにくさ）」の地域差を多角的に捉えようとした点で

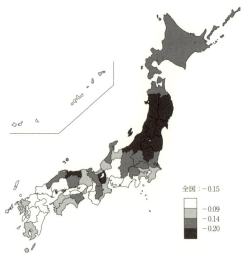

図9-2　1990～2010年の合計特殊出生率の減少幅
資料：松田（2013）をもとに『人口動態調査』より筆者作成。

多くの示唆を与えている。

(2) 雇用環境の悪化と多様な保育ニーズ

　東京圏にくらべると、地方圏では長時間労働や長時間通勤による仕事と家庭との両立における制約が小さく、それが子育てのしやすさに結びついていることが指摘されてきた[3]。ただし、地方圏でも雇用環境や働き方の変化が生じており、親世代の不安定就労が子どもの貧困を招いている状況も報告されている（阿部2008など）。たとえば、東京圏と東京圏外について就業形態別に2004年から2014年の変化をみると、東京圏以外の女性では、正規雇用や自営業等が減少し、非正規雇用が増加している（内閣府2015：32）。

　また、戸室（2013）は、1992年から2007年までの貧困率およびワーキングプア（貧困就業世帯）率[4]を都道府県別に算出した。この期間において、全国の貧困率は1992年の9.2％から2007年の14.4％へと上昇しており、特に1997年から2002年にかけての上昇幅が大きい。これを都道府県別にみると、西南日本の各県と京阪神、北海道、青森県、岩手県、

秋田県で高い水準が認められる。さらに、同じ期間のワーキングプア率は大阪府を中心とした近畿圏および山形県、秋田県、宮城県、石川県、富山県において全国値を上回る上昇がみられる。こうした地域差は、前節で挙げた松田（2013）の指摘とも符合する。

　地域経済の悪化や男性を含む雇用の悪化は既婚女性の就業率を上昇させるが、女性の働き方の多様化によって質的な保育ニーズが高まる可能性がある。多くの自治体では観光を地域の産業として振興する動きがみられるが、販売・サービス職の多様な労働時間にともなう多様な保育ニーズも生じうる。特に女性労働力が多い販売・サービス職や医療・介護職では、家事責任を担う女性は短時間でのシフト勤務によって家事や育児と仕事を両立させていることが指摘されている。たとえば、由井・加茂（2009）では、介護職で働く女性の仕事と家事・育児に関する実態調査から、介護施設で働く女性の労働時間は細分化された多様なシフト勤務によって断片化されていること、ただし、その断片化された就労時間によって、一度帰宅し家事や育児を行うといった行動が可能となっていることを示した。また、販売・サービス職で働く親の就業時間は、早朝や夜間など認可保育所の基準保育時間からははみ出す場合も少なくない。たとえば、7章でみたように、旅館で働く客室係は早朝と夜間の労働時間が発生するため、勤務時間に対応した保育の提供が必要となる。さらに、旅館客室係以外でも、販売・サービス職や介護職などのパート勤務では、労働時間全体としては短かったとしても、早朝や夕方の時間に食い込むような就業時間をとる場合もある。

　他方、地方都市のなかでも保育所不足が発生している地域がある。特に、周辺地域から若年層が流入する県庁所在都市クラス以上の都市では、局地的な保育所不足と待機児童問題が生じている。たとえば、大分市は、2014年から2015年にかけて待機児童の増加数が最も大きい自治体であった。大分市では、リーマンショック以降の共働きの増加によって待機児童が恒常的に発生したこと[5]、待機児童としてカウントされていなかった「求職中」の世帯を新たに含めたこと[6]に加え、中心部における駅周辺の再開発によるマンション建設と子育て世帯の増加の影響で局地的な需給のミスマッチが生じている。

保育ニーズの受け皿には、保育所などの「フォーマルな(制度化された) サポート資源」と、親族やコミュニティなどの「インフォーマルなサポート資源」がある。認可保育所は一日8時間の保育を基準としており、それ以外の時間の保育は延長保育と呼ばれ、これが子育て世帯の就業継続において重要な役割を果たしている。また、基準保育が利用できている場合でも、休日保育や一時保育、病児・病後児保育など、「いざというときの保育」の利用可能性が死活問題となることがある。こうした際に、祖父母や姉妹などの親族サポートや地域コミュニティなどは大きな役割を果たしてきた。日常的な保育では保育所等を利用し祖父母をほとんど頼らないという世帯でも、「いざというとき」には親族のサポートを利用する、または頼らざるをえないという状況がある。

　地方圏では、これまで、こうした「インフォーマルなサポート」が充実していると考えられてきた。しかし、同居や近居の親族による育児サポートを前提とした制度設計にはリスクがともなう。親族は、家事や育児のサポート資源になりうると同時に、育児や就業継続を阻害する要因にもなりうるからである。農山村地域では、祖父母による家事や子育ての分担がみられる一方、親の介護が必要になった場合に離職せざるをえない場合があるほか (加茂・由井 2006)、祖父母との同近居の負担や介護を理由として就業できない女性の割合の増加が地方圏 (鳥取県、島根県) で高いことが報告されている (橋本・宮川 2008)。なお、地方圏では、親族以外の地域コミュニティや友人ネットワークも、育児のサポート資源として機能してきた。水垣・武田 (2015) によれば、都市地域では育児サポートが親族の居住地の近さに依存し、親族の居住地が遠方である場合のサポート資源が限定される一方で、農山村地域では親族サポート以外の社会的ネットワークが蓄積されておりサポート資源の多様性が育児を支えているという。

　地方圏では三世代同居や近居をとる世帯の比率が相対的に高いが、祖父母の就労やその他の活動で日常的な支援は困難な場合もある。さらに、就業や転勤、家族への随伴移動など、転居をともなう移動理由は多様であり、必ずしも居住地を親族の近くに選ぶことのできない世帯も少なくない。転勤等で転入し、祖父母が遠方に住んでいる子育て世帯では、地

方であっても「いざというとき」に頼れるサポート資源が限られる。同近居による親族サポートが育児において重要な役割を果たしていることは事実だが、親族サポートを所与とした制度設計は、同近居によるネガティブな効果や、親族サポートを得られない人々の困難を不可視化する側面がある（平山 2014：87）。

　人口維持を図る自治体では、出身地以外の地方圏への移動（Iターン）の促進施策をとるところも少なくない。家族形成期の若年層に対しては、夫婦の出身地への回帰を促すUターンよりもIターンのほうが政策的に実行しやすいという指摘もあり、充実した子育て支援を独自に用意した縁辺部の自治体が移住先として選ばれている実態がしばしば紹介される（山下 2014）。こうした点からも、三世代同居等の高さや親族サポートを即座に「地方圏の子育てしやすさ」と結びつけるのではなく、多様な子育て世帯の就業・生活実態と保育ニーズを念頭においた支援の仕組みを考えることが必要である。

(3)「待機児童がゼロ」ならばよいのか？
——地方圏における多様な保育サービスの不足

　地方圏における非正規雇用の増加や貧困率の上昇と働き方の多様化、Iターン者や転勤世帯など他地域からの移住者におけるインフォーマルなサポート資源の乏しさを考えれば、多様な保育ニーズの受け皿をどのように提供していくかは、重要な論点となる。子育て支援には、保育費や教育費、医療費などの無償化といった経済的支援や、子育て世帯向けの住宅整備なども含まれるが、ここでは、フォーマルなサポートとして、認可保育所における保育サービスの実施状況を比較してみよう。

　図9-3および図9-4は、全国保育協議会による2011年調査から、自治体の人口規模別にみた受け入れ開始と年齢特別保育事業の実施率を示したものである。図9-3では、生後6ヶ月未満や1歳未満での受け入れは、人口規模が小さくなるにつれて低くなる傾向がみてとれる。また、特別保育事業（図9-4）をみると、特に延長保育において、人口規模と実施率が比例している。他方、一時預かりでは人口規模による大きな差はみられず、むしろ人口規模の小さい自治体において実施率が高い傾向に

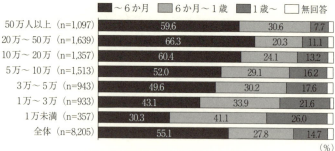

図 9-3　人口規模別にみた受け入れ開始年齢

資料：全国保育協議会（2011）より作成。

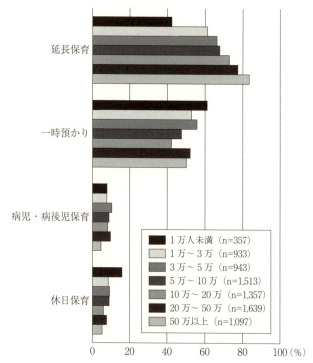

図 9-4　人口規模別にみた特別保育事業の実施状況

資料：全国保育協議会（2011）より作成。

ある。また、病児・病後児保育は人口規模にかかわらず実施率が低く、全国的に供給が不足している状況がうかがえる。日本病児保育協会が全国の働く母親に対して行った2015年のアンケート調査結果によれば、子どもが病気にかかった際の対応として最も多かったのは「母親（ワーキングマザー）が仕事を休む」(62.7%)で、続いて「祖父母に預ける」(24.8%)、「父親が仕事を休む」(7.8%)、「病児保育サービスを利用する」(2.8%) であった[7]。

　保育の受け入れ開始年齢や延長保育の実施率には、地域におけるニーズ量と、自治体の財政規模が影響していると考えられる。一般的に、人口規模が大きい地域ではニーズ量が多く高密度に発生する傾向があるため民間主体の参入による私営保育所が多いが、人口規模の小さい地域では公営保育所が多い。延長保育の実施率や低年齢児の受け入れ状況についても、私営保育所において高いという傾向がある。また、保育事業と自治体の財政状況では、認可保育所の保育料にも自治体財政の影響がみてとれる。たとえば、橘木・浦川 (2012) は2008年の認可保育所の自治体別保育料から、最も安い自治体（東京都渋谷区）は月額1万1300円であるのに対し、最も高い自治体（北海道夕張市）は月額5万3500円と5倍近くの差があること、これには保育や子育て支援に使用できる単独事業費の自治体間での差が影響していることを指摘している。同様の傾向は、1996年のデータによって東京都および埼玉県の市区町村別保育料を比較した田中 (2009) でも示されている。

(4) 地方圏に求められる子育て支援

　以上を踏まえながら、地方圏の子育て支援をめぐる今後の課題について、再度、表9-1を参照しつつ、若干の整理をしておきたい。

　まず、地方都市間でも他地域からの人口流入や地域経済の点で差が生じており、県庁所在都市などでは保育所不足がみられている。長期的な時間幅での人口減少が進むことは確かだが、それは地方圏全体で一様に進むわけではなく、一定以上の規模をもつ地方都市では、若年層や子育て世帯の局地的な増加が予想される。大分市のような大規模な駅再開発を行う場合は例外的であるにせよ、中央政府は少子高齢化や人口減少を

背景に「選択と集中」論にもとづく政策を推進しており、地方圏の自治体でも中心部や特定地域に都市機能を集中させるいわゆるコンパクトシティ政策を導入するところは少なくない。周辺地域から若年層やファミリー層の流入や人口維持がみられる都市においては、こうした局地的な保育需給のミスマッチへの対応がこれまで以上に求められる。特に、地方圏では営利企業やNPO法人など民間事業者の参入が少なく、認可保育所以外の選択肢が限られている場合が多いため、行政や地域の企業を含めた多様な地域主体によるサポート資源の構築とネットワーク化が検討されるべきである。

　また、離島や中山間地域を含む地方縁辺部は、従来、親族や地域コミュニティによって豊富なインフォーマル・サポートが得られる地域としてみなされてきた。ただし、子ども数の減少や保育施設の統廃合によって、施設の遠隔化や市町村合併以前の生活圏との齟齬によって送迎への影響が生じる可能性がある。地方縁辺部におけるこうした問題は、いわゆる過疎地における保育・教育機会の地域間格差として、高度経済成長期以降長く指摘されてきた。たとえば、農繁期保育所、へき地保育所、小規模保育所の課題（森尾2002；西島1980）、過疎化にともなう人口流出と保育所設置運動、育児意識の普及施設としての保育所の役割、保育所以外の保育施設の選択肢の乏しさ、地方財政の恒常的逼迫、等の過疎地の特徴が指摘されてきた（西垣2007）。さらに現在では、認可保育所（基準保育）整備の歴史を経て、保護者の働き方の変化や基準保育から漏れる保育ニーズをどのように担保していくかという論点へと移行しつつある。阿部・若林（2014）でも指摘されたように、市町村合併後の特例措置によって保育サービス水準は維持もしくは向上している自治体があるものの、特例措置終了後の影響を注視していく必要がある。多様な保育ニーズの受け皿となる子育て支援施設へのニーズは地方圏でも高く、専門性をもった担い手も求められている（阿部・若林2015）。このように、量的需要の希薄な地域における育児支援を地域としていかに可能としていくかという論点は、地理学的研究が取り組むべき「古くて新しい問題」だといえる。

注

1) 朝日新聞特集ウェブサイト「待機児童問題」による。このウェブサイトでは、東京都および政令指定都市へのアンケート調査から、各自治体の待機児童定義を項目ごとに明らかにしている。朝日新聞特集ウェブサイト「待機児童問題」http://digital.asahi.com/special/taikijido/?iref=special_taikijido_redirect
2) 毎日新聞2015年7月14日付「保育園建設反対運動　目黒区民、騒音など理由に／東京」(http://mainichi.jp/articles/20150714/ddl/k13/100/132000c) など。
3) たとえば、樋口美雄は増田 (2014) の対談のなかで子育てのしやすさと働き方の違いに言及し、東京圏を含む日本全体で働き方を見直す必要があることを指摘している (増田 2014：179-187)。
4) 貧困率は、『被保護者全国一斉調査』から算出された世帯人員別の最低生活費以下の世帯(貧困世帯)数が全世帯数に占める比率を指す。ワーキングプア(貧困就業世帯)率は、『就業構造基本調査』の「世帯の収入の種類」のうち「賃金・給料」「農業収入」「農業収入以外の事業収入」「内職収入」のそれぞれを主な収入とする世帯のうち、最低生活費以下の世帯の比率を指す。
5) 毎日新聞 (2015年9月30日) による。
6) 朝日新聞 (2015年10月3日)、大分合同新聞 (2015年10月4日) による。
7) 日本病児保育協会 (2015)「プレスリリース共働き家庭の子育て事情」http://sickchild-care.jp/press/8924/

あとがき

　大都市に暮らすとはどのようなことだろうか。
　私は地方都市の郊外ニュータウンで育った。なに不自由ない生活だったが、私は大都市で暮らしてみたかった。無知な子どもだった私にとって、地方都市の郊外ニュータウンは「車がなければどこへも行けない場所」であり、「刺激のない閉じたコミュニティ」だった。だから、大学進学とともに東京で暮らし始めた当初、生活のなかで目に映るもの、体と心に触れるものすべてが新しい体験だった。都会の匿名性は若い私にとって「自由」を意味していたし、乗りさえすればどこへでも連れて行ってくれる電車は頻繁にやってきて、線路は密でどこまでも広がっているようにみえた。私はそんな大都市の便利さ、気兼ねのなさに喜んだものだった。
　しかし、いま思えば、この喜びは、地方の実家を離れたばかりの、まだ何の義務や責任も持たない学生で、時間や場所の制約からある程度自由な存在だったからこそ、強く感じられた面が大きかったのだろう。それから数年経って、大都市という場所に大人として地に足をつけて暮らしていくとき、便利さと背中合わせの制約にも、少しずつ気づくようになった。仕事を持ち、パートナーや子どもを持ち、果たすべき責任を持つこと。大都市という具体的な場所のなかで、少しでも快適に日々の生活を過ごしていこうとするとき、住む場所や働く場所、誰がどの時間を使って働き、家の中の責任をどう果たすのか。それらのことが戦略として、大都市に暮らす人々の行動や生活とシビアに結びついていることを学ぶようになった。
　「都市の保育」というテーマで研究を始めたのは、卒業論文の時だった。「大都市で暮らすこと」や「都市と女性」という漠とした関心しか決められていなかった私に、指導教官が提案したのが「保育」だった。正直なところ、研究を始めた当初は、保育の細かい制度や仕組みの勉強

に精一杯で、指導教官が何を意図してこのテーマを与えてくださったのか、十分にわからなかった。だが、今こうして振り返ってみると、保育というテーマを通して、まさに「大都市で暮らすこと」を探求しようと挑戦し続けた作業だったのだと実感する。「子どもを持ち、育てていくこと」の責任を、大都市の利便性とコインの裏表のように存在する制約のなかで、人々はどのように果たしていくのか。どこに住み、どのように働き、時には家族や友人の間で調整しながら、都市固有の制約をクリアしていくのか。そのような人々の姿を見つめることは、「大都市で暮らすこと」を最も象徴的に知ることのできる作業なのだと、指導教官はわかっていたのだと思う。

　そうした視点に気づいたとき、大都市以外の場所でも、保育や子育て支援というテーマから、地域を逆照射することができないかと考えるようになった。本書で私が取り扱ってきた「大都市」はほぼ東京だが、日本全体から考えれば、東京のような場所やそこでの生活は、ある意味で「レアケース」である。大都市と地方圏の両方の保育・子育てを見つめる作業が、待機児童問題や保育を取り巻くさまざまな議論に対し、「地」に足のついた視点を提供できるのではないか。そのような考えがあるから、本書のなかで大都市圏と地方圏の両方の事例が含まれていることは、「大都市で暮らすこと」という問いと、私のなかでは矛盾しない。

　保育や子育て支援というテーマから地域を見つめること、そして、具体的な地域を見つめながら保育や子育て支援の今後のあり方を考えること。本書を通じて、そうした視点を読者の方々に少しでも届けられたとしたら、これ以上の喜びはない。もちろん、あまりに素朴で大きな問いから始まった研究なので、応えきれていない点や粗削りな点も数多くあるだろう。忌憚のないご意見をいただきたいと思う。

＊　＊　＊

　「保育・子育て支援の地理学」という、やや珍しい看板を掲げて研究を進めてきたこともあって、研究生活は常に模索の連続だった。研究成果を発表し続けることができたのは、何よりも、調査にご協力くださっ

た子育て世帯の皆さま、保育所や子育て支援施設の皆さま、行政や企業・関係諸団体のご担当者様のおかげである。この場を借りて、心よりお礼を申し上げたい。

　また、研究を続けるにあたって、多くの先生方からのご指導と共に研究する仲間に恵まれた。ご指導を受けた方々一人一人に御礼を申し上げたい気持ちだが、ここでは限られた方々のお名前を挙げることをお許しいただきたい。

　まず、東京大学人文地理学教室の荒井良雄先生、谷内達先生（当時）、松原宏先生、永田淳嗣先生、梶田真先生には、学部から大学院を通じてご指導をいただいた。特に、卒業論文以来の指導教官である荒井良雄先生には、常に懇切丁寧で温かいご指導を頂戴した。考え込んだり迷ったりしがちな学生だったが、いつも「狭い世界にとどまらず、何にでも挑戦してみなさい」と言ってくださること、多くの挑戦の機会を与えてくださることが、本当にありがたかった。

　人文地理学教室の先輩方にも多くの支えをいただいた。なかでも、同じ荒井研究室の中澤高志先生（明治大学経営学部）と武者忠彦先生（信州大学経済学部）は、こちらの未熟な相談にも嫌な顔ひとつせず建設的なご助言と激励をくださり、自分もこのようでありたいと常に背中を追う気持ちであった。中澤先生は、ご自身が参加されていた「働く女性の研究グループ」にご紹介くださり、素晴らしい先生方とのご縁を持つことができた。

　「働く女性の研究グループ」では、金沢大学の神谷浩夫先生、広島大学の由井義通先生、首都大学東京の若林芳樹先生といった、この分野での豊富な成果を継続的に発表され続けている先生方にご助言をいただける幸運に浴することができた。この研究グループでの共同研究や成果発表は、いつも互いを尊重する明るく開放的な刺激に満ちており、海外や他分野を含む研究者ネットワークともつながる楽しさを知ることができた。また、同研究会がご縁となって、若林先生には博士課程修了後の学振特別研究員の受け入れ教員をお引き受けいただき、ポスドクの時期にも恵まれた環境で研究を進めることができた。

　博士課程修了後には、明治大学の川口太郎先生の主宰による「住環境

研究会」にも加えていただいた。住環境をテーマとするこの研究会では、保育や福祉分野の研究者とは異なる視点での議論に触れられることが大きな刺激になっただけでなく、「おもしろいことをやれ」と、不安になりがちな若手の背中を強く押してくださるのが嬉しかった。また、この研究会のメンバーの一人である小泉諒氏（神奈川大学人間科学部）とは、東京圏の保育と就業に関する共同研究も進めてきた。若手という同じ立場で、フィールドを共に歩き議論する仲間が得られたことがありがたかった。

これまでの勤務先でも、多くの支えをいただいた。特に、前任の奈良女子大学では、自由な雰囲気のなか、研究を思う存分やらせていただけたことに、心から感謝したい。奈良女子大学時代に実施した調査研究をもとにした論文や学会報告に賞をうけたことも、この時期に十分な研究時間を確保できたことが大きかったように思う。現在の勤務先である大分大学では、恵まれた研究環境に加え、経済地理学者である宮町良広先生や大呂興平先生が同じ経済学部に所属されていることも心強い。

また、本書の上梓にあたり、困難な出版状況のなかにもかかわらず出版をご提案くださった担当編集者の深澤孝之氏、タイトなスケジュールのなか快くご対応くださった岡留洋文氏にも御礼申し上げたい。

最後に、地元を離れ研究者をめざすことを遠くから応援し続けてくれた両親と、いつも柔軟な心で支えてくれる夫に、心からの感謝を捧げる。

2016年9月　　　　　　　　　　　　　　　　久木元　美琴

追記：本書の研究成果には、以下の科学研究費補助金を使用した。特別研究員奨励費「福祉国家転換期における子育てシステム——地域的文脈と育児戦略に着目して」（課題番号：11J04007、2011～2012年）、若手研究（B）「東京大都市圏における保育供給主体の多様化と育児戦略の空間的展開」（代表：久木元美琴、課題番号：25870434、2013～2016年）、若手研究（B）「大都市圏における多様な保育拠点の需給構造に関する国際比較研究」（代表：久木元美琴、課題番号：16K16957、2016～2020年）、挑戦的萌芽研究「ボランタリー部門の子育て支援活動によるまちづくりの可能性と地域的条件に関する研究」（代表：由井義通、課題番号：24652162、2012～

2015 年)、挑戦的萌芽研究「新しい保育政策下におけるローカルな子育て支援のニーズと育児資源の地理学的評価」(代表:若林芳樹、課題番号:15K12953、2015〜2018 年)、基盤研究 (C)「ワークライフスタイルの選択からみた少産少死世代の都心居住」(代表:川口太郎、課題番号:25370922、2013 〜 2016 年)。

　なお、本書は公益社団法人日本地理学会出版助成を受けて刊行されたものである。

文献・初出一覧

文献

Bennet, R. J. (1982): *The Geography of Public Finance*, Methuen.
Cromely, E. K. (1996): Making the transition to school. In England, K. eds. *Who Will Mind the Baby?: geographies of child care and working mothers*, London: Routledge: 49-74.
Davies B.P. (1968): *Social Needs and Resources in Local Service*. Michael Joseph.
Dyck, I. (1996): Mother or Worker?: Women's support networks, local knowledge and informal child care strategies. In England, K. eds. *Who Will Mind the Baby?: geographies of child care and working mothers*, London: Routledge: 123-140.
England, K. eds. (1996): *Who will mind the baby? Geographies of child care and working mothers*. London: Routledge.
England, K. (1996): Who Will Mind the Baby? In England, K. eds. *Who Will Mind the Baby?: geographies of child care and working mothers*, London: Routledge: 3-19.
Esping-Andersen, G. (1990): *The Three Worlds of Welfare Capitalism*, Cambridge: Polity Press, エスピン=アンデルセン, G. 著, 岡沢憲芙・宮本太郎監訳 (2001):『福祉資本主義の三つの世界――比較福祉国家の理論と動態』ミネルヴァ書房.
Esping-Andersen, G. (2009): *The Incomplete Revolution*, Cambridge: Polity Press, エスピン=アンデルセン, G. 著, 大沢真理監訳 (2011):『平等と効率の福祉革命』岩波書店.
Fincher, R. (1991): Caring for workers' dependents Gender, class and local state practice in Melbourne, *Political Geography Quarterly*, 10: 356-381.
Freestone, R. (1977): Provision of Child Care Facilities in Sydney, *Australian Geographer*, 13: 318-325.
Hanson, S. and Pratt, G. (1991): On the Links between Home and Work: family-household strategies in a Buoyant labour market, *International Journal of Urban and Regional Research*, 15: 55-74.
Holloway, S. L. (1998): Local Childcare Cultures: moral geographies of mothering and the social organisation of pre-school education, *Gender, Place and Culture*, 55: 29-53.
Holloway, S. L. (1999): Mother and worker? The negotiation of motherhood and paid employment in two urban neighborhoods, *Urban Geography*, 20-5: 430-460.
Karsten, L. (2003): Family Gentrifiers: Challenging the City as a Place Simultaneously to Build a Career and to Raise Children, *Urban Studies*, 40: 2573-2584.

Karsten, L. (2007): Housing as a Way of Life: Towards as Understanding of Middle-Class Families' Preference for Urban Residential Location, *Housing studies*, 22: 83-98.

Kubo, S. (1984): Population Distribution and Location of Public Service Facilities, *Bulletin of the department of geography university of Tokyo*, 16: 23-47.

Kukimoto, Mikoto, Wakabayashi, Yoshiki and Yui Yoshimichi (2012): Production of Local Childcare Culture in Okinawa and the Impact of Policy Change. *Geographical Review of Japan Series B*, 84(2): 60-70.

Miyazawa, H. (2013): Geographical Studies of Welfare Issues in Japan since the 1990s, *Geographical Review of Japan Series B*, 86: 52-61.

Myers-Jones, H. J. and Brooker-Gross, S. R. (1996): The Journey to Child Care in a Rural American Setting. In England, K. eds. *Who Will Mind the Baby?: geographies of child care and working mothers*, London: Routledge: 77-92.

Pestoff, V. (1998): *Beyond the Market and State: Social Enterprises and Civil Democracy in a Welfare Society*. Ashgate.

Pinch, S. (1984): Inequality in pre-school provision: A geographic perspective. In Kirkby, A., Knox, P., Pinch, S. eds., *Public Service Provision and Urban Development*, 231-282. St Martins: Croom Helm.

Pinch, S. (1985): *Cities and Services: The geography of collective consumption*, London: Routledge & K. Paul, ピンチ, S. 著, 神谷浩夫訳 (1990):『都市問題と公共サービス』古今書院.

Pinch, S. (1987): The changing geography of preschool services in England between 1977 and 1983, *Environment and Planning C*, 5: 469-480.

Pinch, S. (1995): *Worlds of Welfare: Understanding the Changing Geographies of Social Welfare Provision*, London: Routledge, ピンチ, S. 著, 神谷浩夫監訳, 梶田 真・新井祥穂・飯嶋曜子ほか訳 (2001):『福祉の世界』古今書院.

Pred, A. and Palm, R. (1978): The status of American women, time-geographic view. In Lenegran, D. A. and Palm, R. eds. *Invitation to Geography*, New York: McGraw-Hill : 99-109.

Rose, D. (1993): Local Childcare Strategies in Mantreal, Quebec: The mediation of state policies, class and ethnicity in the life courses of families with young children. In Katz, C. and Monk, J. eds. *Full Circles: geographies of women over the life course*, London: Routledge: 188-207.

Skelton, I. (1996): Child care services in Ontario. In K. England eds. *Who Will Mind the Baby?: geographies of child care and working mothers*, London: Routledge: 62-74.

Truelove, M. (1996): The locational context of child care centers in metropolitan Tront, In K. England eds. *Who Will Mind the Baby?: geographies of child care and working mothers*, London: Routledge: 93-108.

Wards, K., Fagan, C., McDwell, L., Perrons, D. and Ray, K. (2007): Living and Working in Urban Working Class Communities, *Geoforum*, 38: 312-325.

圷　洋一（2008）：福祉国家における「社会市場」と「準市場」，『季刊・社会保障研究』44（1）：82-93.

浅田義久（2009）：東京圏の保育サービスと"足による投票"，『季刊住宅土地経済』72：18-26.

朝日新聞社編（2003）：保育の質を守れ！，『AERA』16（49）：4-10.

足立区（2011）：『足立区待機児童解消アクション・プラン　0-2歳児に重点を置いた保育施設等の整備について』.

足立区（2012）：『足立区待機児童解消アクション・プラン　平成24年度改定版』.

阿部　彩（2008）：『子どもの貧困——日本の不公平を考える』岩波書店.

阿部智恵子・若林芳樹（2014）：市町村合併にともなう保育サービスの変化——石川県かほく市と白山市の比較，『日本都市学会年報』48：185-192.

阿部智恵子・若林芳樹（2015）：石川県かほく市における子育て支援の現状と課題，『季刊地理学』67-3：176-190.

網野武博・栃尾　勲・迫田圭子編（2007）：『保育所運営マニュアル』中央法規出版.

荒井良雄・岡本耕平・神谷浩夫・川口太郎（1996）：『都市の空間と時間——生活活動の時間地理学』古今書院.

いちょうクラブ父母会（1986）：『いちょうクラブ　二十五年記念誌』.

伊藤喜栄（1987）：東京区部周辺地域の動向と問題—川崎市を事例として—，『経済地理学年報』33（4）：35-45.

稲田七海（2009）：介護保険制度の需要に伴う高齢者ケアと相互扶助の変容，『人文地理』61：328-347.

岩間暁子（2004）：育児コストの地域差と社会的支援，目黒依子・西岡八郎編著『少子化のジェンダー分析』勁草書房：150-173.

上枝朱美（2003）：保育コストの現状と規制緩和——保育所運営費と保育料について，『季刊家計経済研究』58：97-105.

上田　融編著（1980）：『ガス橋のうた』民衆社.

埋橋孝文（1997）：『現代福祉国家の国際比較——日本モデルの位置づけと展望』日本評論社.

運輸省（1992）：『平成四年版　運輸白書』大蔵省印刷局.

江崎雄治（2006）：『首都圏人口の将来像　都心と郊外の人口地理学』専修大学出版局.

近江宣彦・天野マキ（1999）：東京都美濃部都政下の保育政策に関する予備的考察，『東洋大学児童相談研究』18：69-82.

岡本耕平ほか編（2008）：『中国都市の生活空間』ナカニシヤ出版.

小川一朗（2003）：『川崎の地誌』有隣堂.

「沖縄子ども白書」編集委員会編（2010）：『沖縄子ども白書　地域と子どもの「いま」を考える』ボーダーインク．

落合恵美子ほか編（2007）：『アジアの家族とジェンダー』勁草書房．

甲斐智大（2016）：「規制緩和による保育労働市場の構造再編―東京都で就業する保育士のライフコースに着目して―」東北大学大学院環境科学研究科2016年修士論文．

影山穂波（1998）：ジェンダーの視点から見た港北ニュータウンにおける居住空間の形成，『地理学評論』71(9)：639-660．

影山穂波（2004a）：『都市空間とジェンダー』古今書院．

影山穂波（2004b）：名古屋市の事例にみる学童保育と学級開放事業，由井義通・神谷浩夫・若林芳樹・中澤高志編著『働く女性の都市空間』古今書院：76-89．

加世田尚子・坪本裕之・若林芳樹（2004）：東京都江東区におけるバブル期以降のマンション急増の背景とその影響，『総合都市研究』（東京都立大学都市研究所）84：25-42．

加藤幸治（2011）：サービス消費機会の地域的格差，『経済地理学年報』57：277-294．

加藤久和（2002）：少子化の動向・要因と政策的対応について，『都市問題』93(6)：15-25．

神奈川県（1967）：『転入勤労青年および留守家庭児童・生徒と非行との関連調査報告書』．

神谷浩夫（1996）：既婚女性の日常生活と保育サービス，荒井良雄・岡本耕平・神谷浩夫・川口太郎『都市の空間と時間』古今書院：109-131．

神谷浩夫・若林芳樹・中澤高志（2008）：働く女性の都市空間，由井義通・神谷浩夫・若林芳樹・中澤高志共編著『働く女性の都市空間』古今書院：1-18．

加茂浩靖（2011）：大都市圏における介護サービス業に従事する女性の仕事と生活―名古屋市を事例として―，『日本福祉大学経済論集』43：65-77．

加茂浩靖・由井義通（2006）：農村における老人介護サービス業の雇用特性と女性の就業―広島県東広島市を事例として―，『地理科学』61：147-155．

川崎市（1963）：『昭和38年　川崎市定例議会会議録』．

川崎市学童保育連絡協議会編（1986）：『川崎の学童ほいく'86　第4回川崎学童ほいくまつり記録集』．

川崎市学童保育連絡協議会（1990）：『第18回総会議案書』．

川崎市学童保育連絡協議会編（1992）：『川崎の学童保育'92　20周年記念誌』．

川崎市学童保育連絡協議会編（1994）：『第22回総会議案書』．

川崎市教育委員会（1966a）：『留守家庭児のしらべ』．

川崎市教育委員会（1966b）『昭和41年度　留守家庭児対策実施報告書』：28．

川崎市教育委員会（1999）：『川崎市社会教育五十年史』．

川崎市青少年センター（1967）：『青少年センター青少年会館のあゆみ』川崎市編．

川崎市青少年問題協議会編（1966）：『留守家庭児についてのしらべ』．

川崎市留守家庭児問題研究協議会編（1985）：『川崎市の児童の校外生活と留守家庭時事業（学童保育）に関する調査報告』．
川瀬正樹（1997）：世帯のライフステージから見た千葉県船橋市における既婚女性の通勤行動の変化，『地理学評論』70A：699-723．
北村安樹子（2011）：フルタイム共働世帯の両立戦略と住み替え，『Life Design REPORT』197：24-31．
木村オリエ（2008）：都市郊外における自治体のアウトソーシングと主婦の起業―多摩ニュータウン南大沢地区の事例―，『人文地理』60(4)：41-63．
金　智美（2006）：『福祉国家体制確立期における自治体福祉政策過程』公人社．
熊沢　誠（1999）：女性労働者の戦後，総合女性史研究会編『日本女性史論集6　女性の暮らしと労働』吉川弘文館：264-305．
熊沢　誠（2000）：『女性労働と企業社会』岩波書店．
小泉　諒・西山弘泰・久保倫子・久木元美琴・川口太郎（2011）：東京都心湾岸部における住宅取得の新たな展開―江東区豊洲地区の超高層マンションを事例として―，『地理学評論』84：592-609．
厚生省（1998）：『平成10年版　厚生白書』ぎょうせい．
厚生労働省（2011）：『平成21年度　認可外保育施設の現況取りまとめ』．
厚生労働省（2012）：『保育所関連状況取りまとめ（平成24年4月1日）』．
江東区（2010a）：『江東こども未来プラン』．
江東区（2010b）：『平成22年度江東区認可保育園入園のしおり』．
国立社会保障・人口問題研究所（2006）：『第3回全国家庭動向調査（結果の概要）』．
国立社会保障・人口問題研究所（2008）：『第4回全国家庭動向調査（2008年社会保障・人口問題基本調査　現代日本の家族変動）』．
国立社会保障・人口問題研究所（2011）：『第14回出生動向基本調査　結婚と出産に関する全国調査　夫婦調査の結果概要』．
国立社会保障・人口問題研究所（2012）：『第14回　出生動向基本調査（結婚と出産に関する全国調査）第Ⅰ報告書』．
財団法人こども未来財団調査研究部（2003）：『事業所内保育施設における保育施設及び保育活動の現況調査』財団法人こども未来財団．
崔　麻砂（2003）：事業所内保育所の使い心地，『AERA』16(46)：43-44．
児童福祉法研究会編（1978）：『児童福祉法成立資料集』ドメス出版．
清水浩昭（1996）：家族構造の地域性―都市家族を中心として―，『社会学論叢』127：3-18．
下浦忠治（2002）：『学童保育』岩波書店．
杉浦真一郎（2005）：『地域と高齢者福祉―介護サービスの供給空間―』古今書院．
杉浦芳夫・宮澤　仁（2005）：活動日誌から読み解く郊外女性の就業問題，宮澤　仁編著『地域と福祉の分析法』古今書院：108-130．
鈴木政夫（1981）：『ベビーホテル――その実態と問題点』ささら書房．

鈴木　亘（2010）：『社会保障の「不都合な真実」』日本経済新聞出版社．
瀬地山角（1996）：『東アジアの家父長制』勁草書房．
全国学童保育連絡協議会編（1978）：『学童保育年報 1』．
全国学童保育連絡協議会編（2003）：『学童保育の実態と課題』．
全国学童保育連絡協議会編（2004）：『学童保育　施設整備の手引き』．
全国社会保険労務士会連合会編（1985）：『労務管理マニュアル　観光地旅館業編』労働基準調査会．
全国保育協議会（2011）：『全国の保育所実態調査報告書』全国保育協議会ホームページ http://www.zenhokyo.gr.jp/cyousa/cyousa.htm．
高橋桂子・村井美枝子（2001）：少子・高齢化における企業福祉―事業所内保育所と女性活用―，『新潟大学教育学部人間科学部紀要』4(2)：379-387．
武川正吾（2006）：『地域福祉の主流化』法律文化社．
武川正吾（2009）：『社会政策の社会学』ミネルヴァ書房．
武田祐子（1998）：保育所利用者の時空間プリズムと立地・配分モデリング，『地理科学』53(3)：206-212．
武田祐子・木下禮子編著，中澤高志・若林芳樹・神谷浩夫・由井義通・矢野桂司著（2007）：『地図でみる日本の女性』明石書店．
橘木俊詔・浦川邦夫（2012）：『日本の地域間格差』日本評論社．
田中恭子（1999）：大都市圏における保育サービスの市区町村格差と女性の就業―東京都及び埼玉県の事例―，『社会科学評論』96：37-55．
田中恭子（2009）：『保育と女性就業の都市空間構造』時潮社．
谷　謙二（2002）：大都市圏郊外の形成と住民のライフコース，荒井良雄・川口太郎・井上　孝編『日本の人口移動――ライフコースと地域性』古今書院：71-89．
張　和卿（1997）：『子育ての公的システムの変容―戦後日本の保育関連策の分析を通して―』東京大学大学院総合文化研究科国際社会科学専攻博士論文．
寺脇隆夫（1997）：児童福祉法成立過程における保育所規程の検討，『保育の研究』15：16-46．
寺脇隆夫（1980）：児童福祉法制定の経緯と保育所，岡田正章編『戦後保育史　第一巻』フレーベル館：197-219．
天童睦子編（2004）：『育児戦略の社会学』世界思想社．
東京都（2006）：『平成18年度　都民の生活実態と意識』東京都．
東京都（2009）：『東京の子どもと家庭　平成19年度東京都福祉保健基礎調査報告書』東京都．
東京都（2010）：『認証保育所一覧』．
東京都（2011a）：『保育所等の設置状況』．
東京都（2011b）：『区市町村別認可外保育施設一覧』．
東京都社会福祉協議会（2011）：『保育所待機児童問題に関するアンケート調査実施のあらまし』．

東京都福祉保健局（2011）：『2011 年 7 月報道発表資料　保育所の設置状況等』.
栃尾　勲（1999）：『保育所運営マニュアル』中央法規出版.
富田和暁（2013）：6 大都市の都心区における人口の再集中化,『都市地理学』8：1-13.
戸室健作（2013）：近年における都道府県別貧困率の推移について──ワーキングプアを中心に,『山形大学紀要（社会科学）』43(2)：35-92. 山形大学機関リポジトリ http://id.nii.ac.jp/1348/00001235/.
内閣府（2009）：「保育や子育てに関するインターネット調査について」http://www8.cao.go.jp/kisei-kaikaku/publication/2009/0619/item090619_01.pdf.
内閣府（2015）：『男女共同参画白書平成 27 年版』内閣府.
中澤高志（2007）：戦後日本の地域構造・都市構造と労働力・世代の再生産に関する一考察,『経済地理学年報』53(2)：153-172.
中澤高志（2014）：住宅双六, 藤井　正・神谷浩夫編著『よくわかる都市地理学』ミネルヴァ書房：175.
中條暁仁（2008）：広島県三次市における高齢者のサポートニーズと住民参加の地域福祉活動の活用可能性,『地理学評論』81：551-570.
中村艶子（2003）企業による育児支援の有効性, 筒井清子・山岡照子『グローバル化と平等雇用』学文社：172-188.
西垣美穂子（2007）：農村部における保育所実態の一考察,『佛教大学大学院紀要』35：237-253.
西島芳子（1980）：高知県農村地域における無認可保育所の成立過程と保育条件の実態,『家政学研究』26(2)：155-162.
日本経済新聞社産業地域研究所（2009）：『2008 年度　全国市区の行政比較調査データ集（行政革新度・行政サービス度）』.
(社)日本経済団体連合会（2003）：「子育て環境整備にむけて～仕事と家庭の両立支援・保育サービスの充実～」http://www.keidanren.or.jp/japanese/policy/2003/073/honbun.html
橋本宏子（1992）：『女性労働と保育』ドメス出版.
橋本宏子（2006）：『戦後保育所づくり運動』ドメス出版.
橋本由紀・宮川修子（2008）：なぜ大都市圏の女性労働力率は低いのか─現状と課題の再検討─. RIETI Discussion Paper Series, 08-J-043, 1-45. RIETI（独立行政法人経済産業研究所）ホームページ http://www.rieti.go.jp/jp/publications/summary/08090001.html.
畠山輝男（2007）：地理的分断条件を伴う市町村合併が及ぼす高齢者福祉サービスへの影響─群馬県沼田市を事例に─,『地理学評論』80：857-871.
濱野一郎・都留民子・柴田謙治（1988）：社会福祉における当事者運動─横浜市の学童保育の分析を通じて─,『明治学院論叢社会学・社会福祉学研究』79：1-78.
林　浩康・イト＝ペング（2001）：家計に占める育児コストに関する研究,『季刊家

計経済研究』50：69-72.
平間学童保育父母会（1985）：『10周年記念誌』.
平山洋介（2014）：近居と住宅政策の課題，大月敏雄・住総研編著『近居』学芸出版社，80-88.
平山洋介（2015）：『都市の条件——住まい，人生，社会持続』NTT出版.
広井良典（2009）：『コミュニティを問い直す——つながり・都市・日本社会の未来』ちくま新書.
藤井　正（2014）：都市計画，藤井　正・神谷浩夫編著『よくわかる都市地理学』ミネルヴァ書房：126-128.
藤村正之（1999）：『福祉国家の再編成「分権化」と「民営化」をめぐる日本的動態』東京大学出版会.
舩橋惠子（2006）：『育児のジェンダー・ポリティクス』勁草書房.
ペストフ，A. ビクター著，藤田暁男ほか訳（2000=2007）：『福祉社会と市民民主主義　協同組合と社会的企業の役割』日本経済評論社.
星　敦士（2007）：サポートネットワークが出生行動と意識に与える影響，『人口問題研究』63(4)：14-27.
前田正子（1998）：保育の多様化，『季刊社会保障研究』34：14-25.
前田正子（2004）：自治体別保育状況の分析——「全国子育てマップ」にみる保育の現状分析，前田正子『子育てしやすい社会』ミネルヴァ書房：61-85.
前田洋介（2008）：担い手からみたローカルに活動するNPO法人とその空間的特徴，『地理学評論』81(6)：425-448.
増田寛也（2014）：『地方消滅——東京一極集中が招く人口急減』中央公論新社.
松崎芳伸（1948）：『児童福祉法』日本社会事業協会.
松島のり子（2012）：戦後日本における幼稚園・保育所の普及と統計にみる地域差，『Proceedings（格差センシティブな人間発達科学の創成）』20：161-171. http://hdl.handle.net/10083/51520
松島のり子（2015）：『「保育」の戦後史　幼稚園・保育所の普及とその地域差』六花出版.
松田茂樹（2013）：都市と地方の少子化，松田茂樹著『少子化論』勁草書房：145-186.
松信ひろみ（1996）：既婚キャリア女性の戦略としての都心居住，『年報社会学論集』9：13-24.
松原　宏（1988）：『不動産資本と都市開発』ミネルヴァ書房.
的場康子（2005a）：事業所内保育施設の利用実態について—事業所内保育施設の利用者に対する調査結果から—，『Life Design Report（2005年3月号）』第一生命経済研究所：16-23.
的場康子（2005b）：事業所内保育施設の今後のあり方について—事業所内保育施設に対するアンケート調査結果から—，『Life Design Report（2005年5月号）』第一生命経済研究所：4-15.

的場康子（2010）：これからの事業所内保育施設―複数企業による共同設置・運営型の事業所内保育施設―,『Life Design Report（2010年10月号）』第一生命経済研究所：28-35.

的場康子（2012）：事業所内保育施設を設置しやすくするために,『Life Design Report（2012年1月号）』第一生命経済研究所：38-40.

水垣源太郎・武田祐佳（2015）：育児期女性のソーシャル・サポート・ネットワークの地域差――奈良県7市町調査から,『奈良女子大学社会学論集』22：1-21.

港区（2012）：『次世代育成行動計画』東京都港区.

南平ホール十周年記念誌編集委員会編（1981）：『10歳になった南平ホール』.

宮澤 仁（1998a）：東京都中野区における保育所へのアクセス可能性に関する時空間制約の分析,『地理学評論』71A：859-886.

宮澤 仁（1998b）：今後の保育所の立地・利用環境整備に関する一考察：東京都中野区における延長保育の拡充を事例に,『経済地理学年報』44：310-327.

宮澤 仁（2003）：関東地方における介護保険サービスの地域的偏在と事業者参入の関係,『地理学評論』76：59-80.

宮澤 仁（2006a）：福島県西会津町における健康福祉のまちづくりと地域活性化,『人文地理』58：235-252.

宮澤 仁（2006b）：過渡期にある大都市圏の郊外ニュータウン―多摩ニュータウンを事例に―,『経済地理学年報』52(4)：236-250.

宮澤 仁・阿部 隆（2005）：1990年代後半の東京都心部における人口回復と住民構成の変化――国勢調査小地域集計結果の分析から,『地理学評論』78：893-912.

宮本太郎編著（2002）：『福祉国家再編の政治』ミネルヴァ書房.

宮本太郎・イト ペング・埋橋孝文（2003）：日本型福祉国家の位置と動態, G. エスピン＝アンデルセン編, 埋橋孝文監訳『転換期の福祉国家』早稲田大学出版部：295-336.

森尾晴香（2002）：昭和戦前期におけるムラの子育て――群馬県北橘村大字下南室「農繁期託児所」を事例として,『農村生活研究』46(3)：24-31.

矢澤澄子・国広陽子・天童睦子（2003）：『都市環境と子育て』勁草書房.

矢寺太一（2002）：保育サービス供給の変化とその利用構造―「横浜保育室制度」導入後の横浜市を事例に―,『経済地理学年報』48：119-140.

矢部直人（2015）：働きながら子育てをする場所としての東京都心, 日野正輝・香川高志編『変わりゆく日本の大都市圏――ポスト成長社会における都市のかたち』ナカニシヤ出版：149-169.

山 洋子（1984）：ベビーホテル――長時間保育需要の高まり,『教育と医学』32：396-404.

由井義通（2003）：母子世帯の就業と生活状況の地域的差異,『地理学評論』76(9)：668-681.

由井義通（2006）：放課後児童クラブの地域展開―井原市における学童保育の新しい

試み―,『日本都市学会年報』39:74-80.
由井義通編著(2012):『女性就業と生活空間』明石書店.
由井義通・加茂浩靖(2009):介護サービス業に従事する女性の断片化された就業時間と生活――東広島市の事例,『地理科学』64(4):211-227.
由井義通・若林芳樹・久木元美琴(2016):沖縄県石垣市における学童保育,『都市学会年報』49(印刷中).
湯澤規子(2009):『在来産業と家族の地域史』古今書院.
吉田容子(1993):女性就業に関する地理学的研究―英語圏諸国の研究動向とわが国における研究課題―,『人文地理』45:44-67.
吉田容子(1996):欧米におけるフェミニズム地理学の展開,『地理学評論』69A:242-262.
若林芳樹(2006):東京大都市圏における保育サービス供給の動向と地域的差異,『地理科学』61:210-222.
若林芳樹・久木元美琴・由井義通(2012):沖縄県那覇市の保育サービス供給体制における認可外保育所の役割,『経済地理学年報』58(2):79-99.

初出一覧
[1章]
2010年東京大学大学院総合文化研究科提出の博士論文をもとに加筆・再構成.
[2章]
1. 書き下ろし(2010年東京大学大学院総合文化研究科提出の博士論文をもとに加筆・再構成).
2. 以下をもとに分割,再構成.
　　久木元美琴・小泉 諒(2013):東京都における認可外保育所の供給格差と自治体独自事業の役割―「足立区小規模保育室」の利用実態調査を中心に―,『日本都市学会年報』47:135-144.
[3章]
以下をもとに加筆・再構成.
　　久木元美琴(2006):大都市都心部における事業所内保育所の意義と課題,『経済地理学年報』52(2):82-95.
[4章]
以下をもとに加筆・再構成.
　　久木元美琴・小泉 諒(2013):東京都心湾岸再開発地におけるホワイトカラー共働き世帯の保育サービス選択―江東区豊洲地区を事例として―,『経済地理学年報』59(3):328-342.

[5章]

　以下をもとに分割，再構成．

　　久木元美琴・小泉 諒（2013）：東京都における認可外保育所の供給格差と自治体独自事業の役割―「足立区小規模保育室」の利用実態調査を中心に―，『日本都市学会年報』47：135-144．

[6章]

　以下をもとに加筆・再構成．

　　久木元美琴・由井義通・若林芳樹（2014）：郊外NPOによる子育て支援施設の役割と可能性―高蔵寺ニュータウンのひろば型拠点を事例として―，『都市地理学』9：78-87．

[7章]

　以下をもとに加筆・再構成．

　　久木元美琴（2008）：高度経済成長期の川崎市における学童保育供給体制の変容，『人文地理』60(4)：341-358．

[8章]

　以下より加筆・再構成．

　　久木元美琴（2010）：地方温泉観光地における長時間保育ニーズへの対応―石川県七尾市の事例から―，『地理学評論』83(2)：176-191．

[9章]

　1．書き下ろし．
　2．以下をもとに加筆・再構成．

　　　久木元美琴（2016）：地方圏の子育て支援をめぐる変化と課題，『地理科学』71(3)（印刷中）．

〈著者略歴〉

久木元 美琴（くきもと・みこと）

東京大学大学院総合文化研究科修了（学術博士）。奈良女子大学助教を経て、現在、大分大学経済学部准教授。専門は、都市社会地理学、公共サービスの地理学。

〈主な著書・論文〉
『地方行財政の地域的文脈』（共著、古今書店、2012年）
『女性就業と生活空間』（共著、明石書店、2012年）
『Urban Transformations: Centres, Peripheries and Systems』（共著、Ashgate、2014年）
『インターネットと地域』（共著、ナカニシヤ出版、2015年）

保育・子育て支援の地理学
──福祉サービス需給の「地域差」に着目して

2016年10月1日　初版第1刷発行

著　者		久木元　美琴
発行者		石井　昭男
発行所		株式会社明石書店

〒101-0021 東京都千代田区外神田 6-9-5
電　話　03（5818）1171
ＦＡＸ　03（5818）1174
振　替　00100-7-24505
http://www.akashi.co.jp

装丁　明石書店デザイン室
印刷／製本　モリモト印刷株式会社

ISBN978-4-7503-4408-9
（定価はカバーに表示してあります）

Printed in Japan

|JCOPY| 〈(社)出版者著作権管理機構 委託出版物〉
本書の無断複写は著作権法上での例外を除きやじられています。複写される場合は、そのつど事前に、(社)出版者著作権管理機構（電話 03-3513-6969、FAX 03-3513-6979、e-mail: info@jcopy.or.jp）の許諾を得てください。

「保育プロセスの質」評価スケール
乳幼児期の子どもに考え、深めつづけることと「情緒的な安定・安心」を捉えるために
イラム・シラージ、デニス・キングストン、エドワード・メルヒッシュ著
秋田喜代美、淀川裕美訳
●2300円

世界の幼児教育・保育改革と学力
未来への学力と日本の教育⑨
泉千勢、一見真理子、汐見稔幸編著
●2600円

子どもの遊び・自立と公共空間
「安全・安心」のまちづくりを見直す イギリスからのレポート
ギル・ヴァレンタイン著 久保健太訳 汐見稔幸監修
●2400円

安全・平等・社会の育み フィンランドの子育てと保育
藤井ニエメラみどり、髙橋睦子著 全国私立保育園連盟編
●1800円

子どもと家族にやさしい社会 フィンランド
未来へのいのちを育む
トゥーラ・タンミネン、渡辺久子、髙橋睦子編著
●1500円

産める国フランスの子育て事情
出生率はなぜ高いのか
牧陽子
●1600円

フランスに学ぶ男女共同の子育てと少子化抑止政策
冨士谷あつ子、伊藤公雄編著
●2800円

デンマーク流「幸せの国」のつくりかた
世界でいちばん住みやすい国に学ぶ101のヒント
銭本隆行
●1600円

OECD保育白書
人生の始まりこそ力強く：乳幼児期の教育とケア（ECEC）の国際比較
OECD編著 星三和子、首藤美香子、大和洋子、一見真理子訳
●7600円

ダニーデン 子どもの健康と発達に関する長期追跡研究
ニュージーランドの1000人・20年にわたる調査から
フィル・A・シルバ、ウォレン・R・スタントン編著 酒井厚訳
●7800円

沖縄の保育・子育て問題
浅井春夫、吉葉研司編著
●2300円

子ども食堂をつくろう！
人がつながる地域の居場所づくり
豊島子どもWAKUWAKUネットワーク編著
●1400円

近現代日本の家族形成と出生児数
子どもの数を決めてきたものは何か
石崎昇子
●2600円

福祉国家の日韓比較
「後発国」における雇用保障・社会保障
金成垣
●2800円

韓国の少子化と女性雇用
高齢化・男女格差社会に対応する人口・労働政策
裴海善
●2800円

英国の貧困児童家庭の福祉政策
"SureStart"の実践と評価
ジェイ・ベルスキー、ジャクリーン・バーンズ、エドワード・メルシュ著 清水隆則監訳
●2800円

〈価格は本体価格です〉

地図でみる世界の地域格差 都市集中と地域発展の国際比較
OECD編著　中澤高志・神谷浩夫監訳　オールカラー版
●5500円

図表でみる世界の行政改革
OECDインディケータ(2015年版) オールカラー版
OECD編著　平井文三訳
●6800円

図表でみる教育 OECDインディケータ(2015年版)
経済協力開発機構(OECD)編著
徳永優子、稲田智子、西村美由起、矢倉美登里訳
●8600円

図表でみる世界の主要統計 経済、環境、社会に関する統計資料
OECDファクトブック(2014年版)
経済協力開発機構(OECD)編著　トリフォリオ訳
●8200円

図表でみる世界の年金 OECDインディケータ(2013年版)
OECD編著　岡部史哉訳
●7200円

図表でみる世界の社会問題 3
貧困・不平等・社会的排除の国際比較
OECD編著　高木郁朗監訳　麻生裕子訳
●2800円

図表でみる国民経済計算 2010年版
マクロ経済と社会進歩の国際比較
OECD編著　中村洋一監訳　高橋しのぶ訳
●2800円

諸外国の教育動向 2015年度版
文部科学省編著
●3600円

格差拡大の真実 二極化の要因を解き明かす
経済協力開発機構(OECD)編著　小島克久、金子能宏訳
●7200円

創造的地域づくりと文化 経済成長と社会進歩の文化活動の結果
経済協力開発機構(OECD)編著　寺尾仁訳
●4500円

OECD幸福度白書2 より良い暮らし指標：生活向上と社会進歩の国際比較
OECD編著　西村美由起訳
●4500円

OECD幸福度白書 より良い暮らし指標：生活向上と社会進歩の国際比較
OECD編著　徳永優子、来田誠一郎ほか訳
●5600円

OECD成人スキル白書〈OECDスキル・アウトルック2013年版〉
第1回国際成人力調査(PIAAC)報告書
経済協力開発機構(OECD)編著　矢倉美登里ほか訳
●8600円

OECDジェンダー白書 今こそ男女格差解消に向けた取り組みを!
OECD編著　濱田久美子訳
●7200円

ESDコンピテンシー 学校の質的向上と形成能力の育成のための指導指針
トランスファー21編　由井義通、卜部匡司監訳
高雄綾子、岩村拓哉、川田力、小西美紀訳
●1800円

女性就業と生活空間 仕事・子育て・ライフコース
由井義通編著　神谷浩夫、若林芳樹、中澤高志、矢野桂司、
木下礼子、加茂浩靖、久木元美琴、久保倫子、タン・レンレン著
●4600円

〈価格は本体価格です〉

講座 現代の社会政策 《全6巻》

A5判／上製
◎4,200円

いまから約一世紀前の1907年12月、当時の社会政策学会は工場法をテーマとした第一回大会を開催した。その後の十数年間、年一回の大会を開催し社会に対して喫緊の社会問題と社会政策に関する問題提起を行い、一定の影響を与えた。いま社会政策学会に集う学徒を中心に明石書店からこの〈講座 現代の社会政策〉を刊行するのは、形は異なるが、百年前のこのひそみに倣い、危機に追い込まれつつあった日本の社会政策の再構築を、本講座の刊行に尽力された社会政策を専攻する多くの学徒とともに願うからである。

（シリーズ序文〔武川正吾〕より）

第1巻 戦後社会政策論
玉井金五・佐口和郎 編著【第4回配本】

第2巻 生活保障と支援の社会政策
中川清・埋橋孝文 編著【第5回配本】

第3巻 労働市場・労使関係・労働法
石田光男・願興寺ひろ之 編著【第1回配本】

第4巻 社会政策のなかのジェンダー
木本喜美子・大森真紀・室住眞麻子 編著【第2回配本】

第5巻 新しい公共と市民活動・労働運動
坪郷實・中村圭介 編著【第3回配本】

第6巻 グローバリゼーションと福祉国家
武川正吾・宮本太郎 編著【第6回配本】

〈価格は本体価格です〉